2023年度
十大行政检察
典型案例

最高人民检察院行政检察厅
中国法学会行政法学研究会 / 编

2023NIANDU

SHIDA XINGZHENG JIANCHA

DIANXING ANLI

中国检察出版社

图书在版编目（CIP）数据

2023 年度十大行政检察典型案例／最高人民检察院

行政检察厅，中国法学会行政法学研究会编. —北京：

中国检察出版社，2024.6

ISBN 978 - 7 - 5102 - 3072 - 1

Ⅰ.①2… Ⅱ.①最… ②中… Ⅲ.①行政诉讼 - 检察 -

案例 - 中国 Ⅳ.①D925.305

中国国家版本馆 CIP 数据核字（2024）第 085314 号

2023 年度十大行政检察典型案例

最高人民检察院行政检察厅　中国法学会行政法学研究会　编

责任编辑：柴凯菲
技术编辑：王英英
美术编辑：徐嘉武

出版发行：中国检察出版社
社　　址：北京市石景山区香山南路 109 号 （100144）
网　　址：中国检察出版社（www. zgjccbs. com）
编辑电话：（010）86423768
发行电话：（010）86423726　86423727　86423728
　　　　　（010）86423730　86423732
经　　销：新华书店
印　　刷：望都天宇星书刊印刷有限公司
开　　本：710 mm×960 mm　16 开
印　　张：13.5　插页 16
字　　数：231 千字
版　　次：2024 年 6 月第一版　　2024 年 6 月第一次印刷
书　　号：ISBN 978 - 7 - 5102 - 3072 - 1
定　　价：49.00 元

编　委　会

◎ 2023 年度十大行政检察典型案例发布会现场

◎出席"2023 年度十大行政检察典型案例"发布会的有关领导

◎最高人民检察院副检察长张雪樵致辞

◎中国政法大学校长、教授，中国法学会副会长、中国法学会行政法学研究会会长马怀德致辞

◎对外经济贸易大学党委书记黄宝印致辞

◎黑龙江大学校长、党委副书记，中国法学会行政法学研究会副会长王敬波现场主持

◎最高人民检察院行政检察厅厅长张相军公布入选案例

◎中国法学会行政法学研究会副会长、西北政法大学行政法学院教授王周户作点评

◎中国法学会行政法学研究会副会长、清华大学法学院教授余凌云作点评

◎中华全国律师协会行政法与行政诉讼法专业委员会主任吕立秋作点评

◎华东政法大学纪检监察学院常务副院长、教授章志远作点评

◎北京市第一中级人民法院副院长程琥作点评

◎中国法学会行政法学研究会副会长、西南政法大学行政法学院教授谭宗泽作点评

◎中国法学会行政法学研究会副会长、中国人民大学法学院教授、《法学家》副主编杨建顺作点评

◎中国法学会行政法学研究会副会长、北京大学法学院教授、《中外法学》主编、北京大学法治与发展研究院执行院长王锡锌作点评

◎中国社会科学院法学研究所宪法与行政法研究室主任、研究员李霞作点评

◎北京金融法院副院长薛峰作点评

◎第十四届全国人大代表、 北京前门都一处餐饮有限公司副经理吴华侠对马某诉某镇人民政府强制拆除检察监督案作点评

◎第十四届全国人大代表、黑龙江省农业科学院绥化分院纪委书记、副院长聂守军对黑辽检察机关督促撤销方某被冒名婚姻登记检察监督案作点评

◎第十四届全国人大代表、大连工业大学食品学院院长周大勇对黑辽检察机关督促撤销方某被冒名婚姻登记检察监督案作点评

◎第十四届全国人大代表、太平洋医疗健康管理有限公司总经理周燕芳对钱某诉某村委会要求履行法定职责检察监督案作点评

◎第十四届全国人大代表、浙江省慈溪市供电有限公司客户服务中心社区服务经理钱海军对某村股份经济合作社诉某镇政府撤销行政协议检察监督案作点评

◎第十四届全国人大代表、安徽省铜陵市市长孔涛对某公司诉某县人社局支付保险待遇检察监督案作点评

◎第十四届全国人大代表、山东省临邑县富民小麦种植专业合作社理事长魏德东对王某鹏违法购买出售国家保护野生动物行刑反向衔接案作点评

◎第十四届全国人大代表、河南赊店老酒股份有限公司副总经理兼总工程师王贤对某国有农场诉某县自然资源局房屋所有权登记检察监督案作点评

◎第十四届全国人大代表、湖北融通高科法人代表何中林对杨某某诉某市医疗保障局劳动保障行政给付检察监督案作点评

◎第十四届全国人大代表、深圳市桑达无线通讯技术有限公司软件测试组技术主管陈淑贤对某市交通运输局罚款类行政处罚行政非诉执行检察监督案作点评

◎第十四届全国人大代表、广西科学院乡村振兴与优势特色产业研究院院长邓大玉对某信息技术公司诉某市食药监局、某市政府行政处罚检察监督案作点评

前　言

2023 年是全面贯彻党的二十大精神的开局之年，新一届最高检党组和应勇检察长为新时代新征程行政检察工作把脉定向，强调重在强化履职，实现有力监督。一年来，全国检察机关行政检察部门持续深化习近平法治思想的检察实践，全面落实《中共中央关于加强新时代检察机关法律监督工作的意见》，坚持把"高质效办好每一个案件"作为履职办案的基本价值追求，以主题教育为契机，以"全面深化行政检察监督依法护航民生民利"专项活动、行政检察护航法治化营商环境"小专项"为抓手，全面深化行政检察监督，办理了一批高质效行政检察监督案件。十大行政检察典型案例是其中生动缩影。

"十大行政检察典型案例"评选活动已成功举办四届，获得了良好的社会效果和法治传播效果，已成为检学合作的重要桥梁和推动法治中国建设亮丽的检察品牌。正如中国法学会副会长、中国法学会行政法学研究会会长、中国政法大学校长马怀德教授在"2023 年度十大行政检察典型案例"发布会上所言，连续四年不变的案例发布，变化的是案例，不变的是我们对行政检察事业的这份情怀。评选出的 2023 年度十大行政检察典型案例和 19 件优秀案例，涉及婚姻登记、工伤认定、根治欠薪等关系群众切身利益的重要民生领域，案件类型有传统的行政诉讼监督，也有新型的行刑反向衔接。这些案例是一年来行政检察人为大局服务、为人民司法、为法治担当的最真实写照。

应勇检察长指出，典型案例就是生动的普法教材。此次将评选出的典型案例、优秀案例以及案例相关法律文书、专家点评等材料编辑成书，期待广大读者和社会各界从中感受到行政检察为民而行、与人民群众心中的那杆"秤"同频共振的情怀，也希望能为广大行政检察人员和其他执法司法工作人员履职办案提供参考，提升善于从纷繁复杂的法律事实中准确把握实质法律关系，善于从具体法律条文中深刻领悟法治精神，善于在法理情有机统一中实现公平正义的能力，从而更好以行政检察现代化助力检察工作现代化，更好融入和服务中国式现代化。

本书编辑组

2024 年 3 月

目　录

发布会致辞

张雪樵在"2023年度十大行政检察典型案例"发布会上的致辞 ……… 3

马怀德在"2023年度十大行政检察典型案例"发布会上的致辞 ……… 6

黄宝印在"2023年度十大行政检察典型案例"发布会上的致辞 ……… 9

张相军在"2023年度十大行政检察典型案例"发布会上的发言 ……… 11

王敬波在"2023年度十大行政检察典型案例"发布会上的发言 ……… 14

2023年度十大行政检察典型案例

1. 马某诉某镇人民政府强制拆除检察监督案 ……………………… 19

2. 黑辽检察机关督促撤销方某被冒名婚姻登记检察监督案 ………… 31

3. 钱某诉某村委会要求履行法定职责检察监督案 ………………… 49

4. 某村股份经济合作社诉某镇政府撤销行政协议检察监督案 ……… 63

5. 某公司诉某县人社局支付保险待遇检察监督案 ………………… 74

6. 王某鹏违法购买出售国家保护野生动物行刑反向衔接案 ………… 87

7. 某国有农场诉某县自然资源局房屋所有权登记检察监督案 ……… 96

8. 杨某某诉某市医疗保障局劳动保障行政给付检察监督案 ……… 104

9. 某市交通运输局罚款类行政处罚行政非诉执行检察监督案 ……… 113

10. 某信息技术公司诉某市食药监局、某市政府行政处罚检察监督案
　　……………………………………………………………… 124

2023 年度行政检察优秀案例

1. 涉刑企业行政监管不到位行政违法行为检察监督案 ……………… 133

2. 赵某诉高速交警某大队高速路超速行政处罚检察监督案 ………… 135

3. 某公安分局强制隔离戒毒行政违法行为检察监督案 ……………… 137

4. 张某诉某旗社保中心工伤认定检察监督案 ………………………… 139

5. 督促某市人社局规范公益性岗位管理检察监督案 ………………… 141

6. 督促治理工程建设领域拖欠农民工工资问题检察监督案 ………… 143

7. 某公司、周某诉某区城管局、某街道办行政赔偿检察监督案
　　……………………………………………………………… 145

8. 窦某诉某街道办、某区住房保障和房产局行政赔偿检察监督案 …… 147

9. 刘某鹏等人诉某县自规局、某街道办征收补偿安置检察监督案 …… 149

10. 某旅游公司非法占地行政非诉执行检察监督案 ………………… 151

11. 戴某诉某市人社局工伤认定检察监督案 ………………………… 153

12. 某区交警大队电子驾照行政处罚行政违法行为检察监督案 …… 155

13. 刘某某诉某县公安局强制传唤检察监督案 ……………………… 157

14. 某农业公司诉某区农技中心农业检疫检察监督案 ……………… 159

15. 川渝检察机关督促行政机关撤销虚假户口、婚姻登记系列案 …… 161

16. 某建材厂诉某街道办土地行政赔偿检察监督案 ………………… 163

17. 督促某县交通运输局依法监管网约车从业人员资格检察监督案 … 165

18. 督促某县市场监管局撤销某商贸公司注销登记检察监督案 …… 167

19. 某投资管理公司补缴土地出让金行政非诉执行检察监督案 …… 168

十大行政检察典型案例相关法律文书

案例1：北京市人民检察院行政抗诉书 …………………………… 173

案例2-1：黑龙江省某县人民检察院检察建议书 ……………… 178

案例2-2：辽宁省某市人民检察院检察建议书 ………………… 180

案例3：上海市人民检察院某分院再审检察建议书 …………… 182

案例5：安徽省人民检察院行政抗诉书 ………………………… 187

案例6：山东省某县人民检察院检察建议书 …………………… 194

案例9：广东省某市人民检察院检察建议书 …………………… 196

案例10：广西壮族自治区人民检察院行政抗诉书 …………… 201

发布会致辞

张雪樵在"2023 年度十大行政检察典型案例"发布会上的致辞*

（2024 年 1 月 26 日）

尊敬的马怀德会长、黄宝印书记、王敬波校长，各位专家、朋友、各位同事：

很高兴参加"2023 年度十大行政检察典型案例"发布会。借此机会，我谨代表最高人民检察院和应勇检察长，向中国法学会行政法学研究会、对外经济贸易大学、黑龙江大学各位领导和同志，向与会的各位专家，向广大网民朋友、新闻媒体的朋友们表示衷心的感谢！向获评十大行政检察典型案例的办案单位表示热烈的祝贺！

"一个案例胜过一打文件"。加强案例指导工作是最高检新一届党组确定的一项核心业务工作，是践行习近平法治思想、融合推进政治建设与业务建设的检察履职基础性工作。"十大行政检察典型案例"评选活动在各方共同努力下已成功举办四届，获得了良好的社会效果和法治传播效果，已成为检学合作的重要桥梁和推动法治中国建设亮丽的检察品牌。本次评选的案例是行政检察深入贯彻落实习近平法治思想和党的二十大精神，坚持为大局服务、为人民司法、为法治担当的生动实践，也是行政检察依法服务保障民生民利、护航法治化营商环境的代表性成果。

过去的 2023 年，是全面贯彻落实党的二十大精神的开局之年。各级检察机关全面落实《中共中央关于加强新时代检察机关法律监督工作的意见》，坚持"高质效办好每一个案件"，以主题教育为契机，聚焦人民群众急难愁盼与社会治理难题，以专项活动为抓手，强化行政检察履职，持续深化习近平法治思想的检察实践，做实可感受、能感受、得实惠的检察为民。

一是坚持为大局服务、为人民司法、为法治担当。围绕重点民生领域

---

* 张雪樵，最高人民检察院副检察长。

和特定群体权益保护纾困解忧，部署开展的"全面深化行政检察监督依法护航民生民利"专项活动，共办理涉民生民利行政检察监督案件6.9万多件；组织开展行政检察护航法治化营商环境"小专项"，共办理涉市场主体行政检察监督案件2.5万多件；聚焦逐利执法、粗暴执法、执法不规范等突出问题，办理道交领域行政检察监督案件1.2万余件，促进道交领域突出问题源头治理、系统治理。

二是坚持把高质效办好每一个案件作为基本价值追求，以更高层次的诉源治理推动更高水平社会治理。坚持以行政诉讼监督为重心强化履职，加强调查核实和智慧借助，一体推进有力监督与有效监督，2023年共办理行政诉讼监督案件7.5万多件，共促进化解行政争议2.2万余件。其中最高检提出抗诉案件再审改判8件，会同最高人民法院共同化解或者单独化解行政争议20件，监督质效明显提升。

三是坚持守正创新，为完善中国特色社会主义行政检察制度注入新动能。统筹推进行刑双向衔接和行政违法行为监督，促进严格执法、公正司法。深化强制隔离戒毒检察监督试点，持续推进落实最高检、司法部《关于开展司法行政强制隔离戒毒检察监督试点工作的意见》。强化行政检察理论支撑，依托最高检和对外经济贸易大学或者地方检察机关设立的行政检察研究基地，产出一批优秀行政检察理论研究成果。

2024年是新中国成立75周年，全国人大常委会将听取最高检关于人民检察院行政检察工作情况的专项报告，要以此为契机，进一步加强和改进行政检察工作。借此机会，我提三点意见。

一是全面提升行政检察监督质效，持续做实高质效办好每一个案件。在今年的全国检察长会议上，应勇检察长强调，要从政治制度、国家治理层面，从加强对公权力的监督、促进法治政府建设的角度，认识和加强行政检察工作，解决"不敢""不力"等问题。行政检察要以行政诉讼监督为重心，聚焦行政相对人"有案诉不成、有理诉不赢"等行政诉讼监督的"死角"，加强对被诉行政行为的合法性审查，通过检察建议督促行政机关纠正违法，对不能提起抗诉等"程序空转"案件，通过行政争议实质性化解，维护当事人合法权益，化解矛盾纠纷。

二是围绕推进中国式现代化这个最大政治，立足行政检察监督促进法治政府监督。各级检察机关要持续聚焦特定公民、法人或者非法人组织等行政相对人的合法权益保护，积极稳妥推进行政违法行为监督，既要重视对行政诉讼案件涉及行政违法行为的监督，又要关注因行政相对人"不敢诉"或者"不懂诉"等原因尚未进入诉讼程序案件的行政违法行为，善于选择监督的切入点，把握好监督效果。唯有办案实效，才能证明改革创新的价值；唯有高质效、有影响案件，最能获得社会的认同和支持。

三是坚持中国特色社会主义法治道路，提升行政检察理论研究质效。习近平总书记早在党的十八届四中全会上就强调检察机关要加强对行政机关不作为、乱作为等违法行为的监督。检察公益诉讼制度主要是解决特定利益主体以外的"公地悲剧"问题，目前开展的办案实践主要聚焦行政机关在公共管理中的不作为或者避重就轻执法不力等行政违法行为。而导致特定主体等行政相对人合法权益受到侵害的行政违法行为，不仅公益诉讼不能提供救济，而且，现行行政诉讼法30余年的实践还没有完成法治监督的艰巨任务，大量信访不信法的问题，国家和社会为此承担的巨大的治理成本，在倒逼我们去反思、去创新，在召唤我们去开辟行政违法监督的新路子。这需要行政法学界、执法司法实务界的各位专家学者的支持，以检察理论的发展进步引领推动行政检察工作回答好时代之问、人民之问。

马怀德在"2023年度十大行政检察典型案例"发布会上的致辞[*]

（2024 年 1 月 26 日）

尊敬的张雪樵副检察长、黄宝印书记、张相军厅长，各位领导、各位专家，新闻媒体的朋友们，大家好！

这是我们第四次举办"十大行政检察典型案例"发布会。我注意到，在座的多数专家基本上是一次不落地连续参加了四年的发布会，你们为案例的遴选和发布作出了重要贡献，向你们表示敬意！同时，也向所有入选案例的办案人员和单位表示热烈祝贺！并向承办发布会的对外经济贸易大学法学院、涉外法治研究院、行政检察研究基地表示衷心感谢！连续四年发布典型案例，变化的是案例，不变的是我们对行政检察事业的情怀。可以说，每一年的案例都各有特点。与往年相比，今年发布的典型案例又有许多创新，如行刑反向衔接案件，以往是比较少见的，现在各地都在进行有益的探索。

案例的意义在哪里？我认为，案例实际上是司法机关在具体场景中探索和发展规则的一种行为。通过案例形成的规则与成文法规则的不同之处在于，其具有更强的针对性和可操作性。我们发布的典型案例对检察机关办案是一种指引，对法院审理行政案件也会产生积极的监督效果，对社会公众了解行政检察制度、依法解决行政争议也具有很好的启示意义。从这个意义上说，"一个案例胜过一打文件"，案例对于法治建设的作用、意义毋庸置疑。

行政检察事业经过几十年的发展，取得了重要成绩。尤其是近几年来，行政检察的发展进步十分迅速，无论是监督范围、监督手段，还是监督效果，都有明显的拓展和提升。当前，"四大检察"中公益诉讼检察的相关立法正在推进，行政检察虽然还没有专门的单行立法，但有行政诉讼

---

* 马怀德，中国政法大学校长、教授，中国法学会副会长、中国法学会行政法学研究会会长。

法作为制度依据。因此，下一步还需要考虑如何在现有法律框架内把行政检察工作做实做细、做得更有成效。在此，我提出三点想法供大家参考：

第一，立足一项职能。检察机关应当始终立足于法律监督这一检察机关的宪定职能开展行政检察工作。行政检察的本质是法律监督，它不是对行政诉讼程序的取代，也不是对行政执法活动的取代。检察机关开展行政检察工作，关键在于行使好法律监督权，综合运用各种监督手段，督促人民法院依法正确办理行政案件，督促行政诉讼被告正确行权履职。如果离开了法律监督这一职能，直接站到执法第一线去介入行政法律关系、处理行政争议，固然能够取得一定的成果，但却有可能脱离法律监督的职能定位。

第二，用好两种手段。对于开展行政检察工作的具体方式和手段，现行法其实有比较明确的规定，即抗诉和检察建议。抗诉是检察机关的重要职权，我们历年发布的"十大行政检察典型案例"中的很多案件都是通过抗诉形成的有效监督。因此，要充分用好抗诉这种法定监督方式，在抗诉中监督人民法院的行政审判活动，在抗诉中监督行政机关依法履职，在抗诉中维护行政诉讼原告的合法权益，在抗诉中推动化解行政争议。另外一种重要的履职方式是检察建议。我在参加北京市"两会"时获悉，北京市检察系统一年办理了大概900多起行政检察案件，其中大部分案件通过检察建议得到了解决。虽然检察建议在性质上属于"建议"，但监督效果良好。根据统计，几乎90%的检察建议都得到了采纳，这说明检察建议的实效性是比较理想的。这一制度在这些年也越来越成熟、越来越有效，未来应当得到进一步的重视。

第三，实现三个效果。第一个效果是促进公正司法。行政检察监督的核心功能是监督人民法院依法审理行政案件，实现公正司法。如果检察机关通过行政检察能够进一步促进人民法院依法公正审判，有效化解行政争议，这项职能就发挥了应有的作用。第二个效果是促进依法行政。行政机关在履职行权过程中应当做到依法行政，这是建设社会主义法治国家的必然要求，也是行政检察工作的最终目的。第三个效果是促进社会公平。行政检察"一手托两家"，既监督人民法院，也监督行政机关，更在这一过程中化解了行政争议，实现了对公众的法治宣传教育，促进了社会公平正义的实现，这也是行政检察未来应当关注和发展的方向。

当然，行政检察的制度规则仍然需要进一步的补充完善，这就是典型案例应该发挥作用的地方。在立法没有延伸到地方，或者规则还不够细化的地方，我们每年发布的典型案例恰恰能起到补充和指引的作用。

最后，预祝本次"十大行政检察典型案例"发布会圆满成功！

黄宝印在"2023 年度十大行政检察典型案例"发布会上的致辞[*]

（2024 年 1 月 26 日）

尊敬的张雪樵副检察长、马怀德会长、张相军厅长、各位检察官、媒体朋友们、老师们、同学们：

今天，我们在这里隆重召开"2023 年度十大行政检察典型案例"发布会。又是这样一个热烈而隆重的日子，我们迎来了十大行政检察典型案例的第 4 个发布会。时光如梭，回望最高人民检察院与对外经济贸易大学合作也已经有 4 个年头了。在这里，我谨代表对外经济贸易大学，向最高人民检察院对我校长期以来的信任表示感谢；对张雪樵副检察长、马怀德会长、张相军厅长和各位嘉宾莅临贸大表示热烈的欢迎！同时也借此机会对大家长期以来给予贸大的关心和支持表示衷心感谢！

2023 年是全面贯彻党的二十大精神的开局之年。检察机关紧紧围绕党和国家中心任务，自觉为大局服务、为人民司法、为法治担当，取得了非常好的政治效果、法律效果和社会效果。行政检察监督作为"四大检察"的重要组成部分，从政治的高度、国家治理的层面，加强了对公权力的监督，促进了法治政府的建设和法治化营商环境的不断优化，在国家法律规则的统一适用方面起到了非常重要的作用。2022 年，中宣部、教育部联合印发《面向 2035 高校哲学社会科学高质量发展行动计划》，明确提出推动中国特色案例建设，把案例建设作为哲学社会科学未来 15 年建设的一个重大方面，提出要更好彰显中国之路、中国之治、中国之理。中国的案例建设处于黄金时期，我们要不断重视和加强基于鲜活实践的原创概念、原创理论的主题性研究。行政检察极具中国特色，必将成为讲好中国法治故事、传播中国法治力量的世界名片。

对外经济贸易大学组织了 2020 年至 2023 年连续 4 年的年度十大行政

检察典型案例的评审与发布，产生了一批又一批高质量的典型案例，推动了我国行政检察事业长足稳定的发展。一方面，我校在这个过程中见证了我国行政检察事业的蓬勃发展；另一方面，我校也在最高人民检察院的指导下，不断深化检校合作，在教育教学、人才培养和学科发展方面都取得了非常丰硕的成果。

2023年9月，最高人民检察院决定将"最高人民检察院行政检察研究基地"授予对外经济贸易大学，并与我校开展共建，由行政检察研究中心具体承担基地的相关工作，张雪樵副检察长亲临现场揭牌。基地执行主任、涉外法治研究院副院长郑雅方教授经最高人民检察院党组批准，挂职行政检察厅副厅长，开启了双方检校合作人员交流的第一步。基地联合《中外法学》《中国行政管理》等12家著名学术期刊举办全国联合征文活动，在业界产生了非常重要的学术影响；承办第二届做实行政检察论坛，来自全国各地的行政检察理论和实务专家对"行政检察护航法治化营商环境"展开了卓有成效的研讨，实现了理论和实务高质效的双向互动。近期，我校认真组织硕士生和博士生积极申报最高人民检察院实习生，进一步深化教育教学、人才培养的合作机制。

对外经济贸易大学和最高人民检察院行政检察厅、中国法学会行政法学研究会连续4年联合举办十大行政检察案例发布会，联合发布年度十大行政检察典型案例，是贸大的品牌活动，也是检校合作的样本，是贸大的光荣，更是贸大的责任。

未来贸大将继续与最高人民检察院行政检察厅全方位开展合作，高度重视、支持和推动行政检察研究基地的建设，培育更多高质量研究成果。同时也希望最高人民检察院、中国法学会行政法学研究会进一步加强与贸大的联系和合作，一如既往地相信贸大、支持贸大，一起携手打造更多高质量、有影响力的品牌活动，为法治中国建设贡献更大力量！

最后，预祝本次会议取得圆满成功！

张相军在"2023 年度十大行政检察典型案例"发布会上的发言[*]

（2024 年 1 月 26 日）

尊敬的马怀德会长、张雪樵副检察长、黄宝印书记、王敬波校长，各位老师、各位专家，同志们，朋友们：

感谢大家一直以来对最高检行政检察厅和全国行政检察工作的厚爱、关心和支持。本届十大行政检察典型案例评选是从 2023 年 11 月拉开帷幕的，到目前发布已持续了 3 个月。受评选活动主办方的委托，现在我简要向大家报告评选过程，并宣布评选结果。

一、关于评选过程

十大行政检察典型案例评选活动已举办四届，这四届案例评选都是坚持了公开遴选、专家初评、专家复评、公众投票、对外发布五个环节。本届也就是第四届评选活动在公开遴选及专家初评阶段，我们向全国检察机关征集了备选案例，从各地择优上报的 160 余件案例中筛选出 49 件，由中国法学会行政法学研究会组织 5 位专家进行了初评，根据初评结果严格把关，从中确定了参选的 29 件案例。在专家复评及公众投票阶段，中国法学会行政法学研究会及对外经济贸易大学、黑龙江大学组织王周户老师、叶必丰老师、谭宗泽老师等 10 位专家，在黑龙江大学法学院进行了复评，此次复评系首次采取现场评审的方式进行。10 位专家高度重视、认真负责，对 29 个参选案例分别进行了打分排序。参选案例的公众投票从 1 月 11 日启动，在最高人民检察院微博、检察日报社正义网微信公众号、中国法律评论微信公众号陆续发布，广大读者和网民积极参与投票，最终综合专家的复评和公众投票的名次，组委会最终确定了"2023 年度十大行政检察典型案例"。

---

[*] 张相军，最高人民检察院行政检察厅厅长。

二、关于评选结果

荣获"2023年度十大行政检察典型案例"的是：

1. 北京市检察机关办理的马某诉某镇人民政府强制拆除检察监督案；

2. 黑龙江辽宁检察机关办理的督促撤销方某被冒名婚姻登记检察监督案；

3. 上海市检察机关办理的钱某诉某村委会要求履行法定职责检察监督案；

4. 浙江省检察机关办理的某村股份经济合作社诉某镇政府撤销行政协议检察监督案；

5. 安徽省检察机关办理的某公司诉某县人社局支付保险待遇检察监督案；

6. 山东省检察机关办理的王某鹏违法购买出售国家保护野生动物行刑反向衔接案；

7. 河南省检察机关办理的某国有农场诉某县自然资源局房屋所有权登记检察监督案；

8. 湖北省检察机关办理的杨某某诉某市医疗保障局劳动保障行政给付检察监督案；

9. 广东省检察机关办理的某市交通运输局罚款类行政处罚非诉执行检察监督案；

10. 广西自治区检察机关办理的某信息技术公司诉某市食药监局、某市政府行政处罚检察监督案；

除了这十大案例之外，北京市检察机关办理的涉刑企业行政监管不到位行政违法行为检察监督案等19件案件荣获2023年度行政检察优秀案例，恭喜以上获奖案例及办案单位！

2024年是新中国成立75周年，也是实现"十四五"规划目标任务的关键一年。在刚刚结束的全国检察长会议上，应勇检察长强调行政检察站位要高、视野要宽、方向要明确、路子要走稳，特别强调要从政治制度、国家治理层面，从加强对公权力的监督促进法治政府建设的角度，认识和加强行政检察工作。作为行政检察人，我们要深入学习贯彻党的二十大精神，深入贯彻习近平法治思想，落实好全国检察长会议的各项部署，以全国人大常委会听取行政检察工作专项报告为契机，全面深化行政检察监督，以更优的行政检察履职助力法治中国建设，为在法治轨道上全面建设社会主义现代化国家贡献智慧和力量。

最后，再次感谢中国法学会行政法学研究会、对外经济贸易大学、黑龙江大学以及各位专家学者、新闻媒体的辛勤支持、智慧相助，也感谢办案单位和公众的积极参与，同时也向新征程上为行政检察高质量发展忠诚履职、担当作为、拼搏奉献的行政检察人致敬！

王敬波在"2023 年度十大行政检察典型案例"发布会上的发言[*]

（2024 年 1 月 26 日）

尊敬的相军厅长，各位领导，各位检察官，各位老师：

我谈两点体会，三点建议。

一是行政检察案例发布，从张相军厅长当年的擘画到现在已有四年。在这四年，每年都有典型案例入选，一方面要感叹时光荏苒，另一方面我们也特别欣喜地看到行政检察案例越来越丰富。这些案例只是数以万计的行政检察案例的缩影，我们首先要向广大勇于探索的检察官们致敬！行政检察监督是一个实践先行的领域，在最高检领导的擘画下，行政检察事业蓬勃发展。这些案例显示，行政检察监督从单一的检察机关发动到跨省的协同监督，从监督行政机关延展到村委会等自治团体，从行政不作为向行政协议行刑反向衔接等方面去发展，从监督行政诉讼到行政诉讼的非诉执行监督，应该说一个一个的案例都充分体现了检察官们的政治担当和法治智慧。

二是我们在这些年也看到了行政检察的理论越来越丰富。从最开始对行政检察的定义、权限、边界个别的讨论，到现在中国特色社会主义行政检察理论体系正在蓬勃发展，中国法学会行政法学研究会的各位专家们在马会长的带领下对行政检察的理论给予了积极的回应和引导。

通过这些活动我也想提三点建议：

第一，进一步强化行政检察建议的刚性和法律约束力。我们看到运用检察官的智慧，行政检察监督正在从个案监督向类案监督方向发展，如何超越案例，将行政检察建议的法律效力普遍化，比如说我们看到有多个案件都涉及以村委会为代表的自治组织，它的法律地位是什么，它的权限如何约束，这些都是具有普遍性的法理问题和法律问题，也希望能通过加强

---

* 王敬波，黑龙江大学校长、党委副书记，中国法学会行政法学研究会副会长。

立法或者加强法律进一步的刚性来推动行政检察建议能够更加具有法律效力，从而让行政检察监督个案的作用发挥到极致。

第二，进一步发挥行政检察在国家治理中的杠杆作用。我们看到司法就是治理，实际上我们通过很多案例都能看到，在我们的行政检察监督当中，既有对法律适用的进一步理解，也有对规范性文件超越上位法的纠正，更有对行政机关的机械行政和简单行政的规范，同时也发现我们的检察机关正在不断地向前延伸，构建起行政检察与法治督查的协同监督，形成监督合力。我们也在不断地向行政领域延伸，促进行政机关通过发布政策、规范执法来进一步依法行政。我们也看到检察机关正在不断地向立法机关延伸，通过向立法机关报告来推动整个法律体系的协调和科学。

第三，进一步加强理论和实践的良性互动。行政检察领域是一座理论的富矿，我们从检察官们的智慧当中，总是能够看到闪烁的法理光芒，所以从案例到法理、理论和实践共同推动中国特色社会主义行政检察理论体系更加完善。

最后，感谢最高检、行政法学研究会以及贸大各位领导、同仁对这些活动的指导、支持。另外，我也代表黑龙江大学向各位检察官、各位领导和各位老师发出邀请，龙年一定要到黑龙江大学！祝各位龙行龘龘，前程朗朗！

2023年度十大行政检察典型案例

1. 马某诉某镇人民政府强制拆除检察监督案

【关键词】

被告适格　抗诉改判　类案监督

【案例简介】

2000 年 9 月，马某承租某村集体土地，在该承租地上建设房屋。2019 年 11 月 7 日，某镇规划建设与环保办公室和某村村委会以案涉房屋系违法建设，联合向马某发出《限期拆除通知书》，限期自行拆除案涉房屋。11 月 19 日，案涉房屋被强制拆除。12 月 2 日，马某向公安机关申请对其房屋被拆一案进行调查处理。因未收到处理结果，马某向区政府申请行政复议。在行政复议过程中，公安机关提交答复材料，载明"经了解为某镇政府进行的拆除违建行为"。2020 年 5 月 28 日，区政府以"民警当场告知申请人拆除违建工作是镇政府行为，此行为对申请人产生的损失可到相关部门反映解决"等为由，驳回马某复议申请。

马某诉至法院，请求依法确认镇政府及区城管执法局强制拆除行为违法。马某提交了区政府《驳回行政复议申请决定书》等证据材料，用以证明镇政府等实施了强制拆除行为。一审期间，镇政府提交马某所在村村委会出具的《关于拆除马某违法用地情况说明》，村委会"自认"实施了案涉房屋强制拆除行为。一审法院认为，现有证据不能证明系由某镇政府等作出被诉拆除行为，故马某对某镇政府等的起诉，没有事实依据，裁定驳回起诉。二审、再审亦以相同理由裁定驳回。马某向检察机关申请监督。

检察机关认为，镇政府实施了认定案涉房屋为违法建设并作出《限期拆除通知书》的行为，马某提交的国家机关依职权制作的公文文书，亦明确指出镇政府实际拆除了案涉房屋，应视为马某已提供初步证据，履行了举证责任。且经调查核实，村委会的《情况说明》系在镇政府授意下出具，与实际情况不符，故提出抗诉。最终法院再审对检察机关抗诉意见及调查取得证据予以认可，判决确认某镇政府强制拆除行为违法。同时检察机关筛查出在办类案 8 件，依法向法院提出抗诉和再审检察建议。

【典型意义】

对于行政机关已经作出查处违法建设等前置行政行为的，可以综合在案证据初步推定作出该前置行为的机关是强拆主体。对于村委会等民事主体"自认"实施强拆行为，检察机关结合法律规定、在案证据等综合研判，或充分运用调查核实权，刺破村委会自认的"面纱"准确识别强拆主体、认定适格被告，遏制以"村民自治"名义逃避行政责任，督促相关行政机关依法行权履责，畅通相对人司法救济渠道，切实维护人民群众合法权益。

📝 办案心得体会

只有精准监督，才能实现有力监督

李显辉　刘　薇[*]

在起诉无书面决定的事实行为案件中，原告要承担证明被诉行为存在且为被告所实施的责任，否则案件无法进入审判程序。实践中，"现有证据不足以证明……"常常将当事人挡在看似存在却永不能进的"法的门前"，本案即是如此。本案办理中，北京市检察机关充分运用调查核实权，结合全案证据、法律规定等综合分析，直接刺破民事主体自认的"面纱"，准确识别强制拆除责任主体，畅通了此类案件中当事人的司法救济途径，解决了"程序空转"问题，通过抗诉以法院判决的方式促进行政机关依法行政。现就本案办理谈三点体会。

一、司法判断应回归常识常理

2022 年的一天，承办检察官接待了情绪激动的申请人马某。他拿着一沓证据材料诉说自己的"委屈"，称其 2000 年所建房屋，被镇政府以违建之由强制拆除，其诉请法院确认镇政府强制拆除行为违法，却被法院以某村村委会提交的一纸《关于拆除马某违法用地情况说明》（以下简称《情况说明》）就认定"现有证据不足以证明镇政府做出了被诉行为"，裁定驳回了起诉，导致其"状告无门"。故请求检察机关予以监督。

集体土地上房屋建设应取得乡村规划许可是法律、法规明文规定的。根据有关规定，对于违反乡村规划的违法建设负有制止和查处职责的是乡镇人民政府，即制止和查处违法建设是一个行政行为而非民事行为。本案中，镇政府履行了马某所建房屋的查处，并和村委会向马某发出了《限期拆除通知书》。但法院判决却未认定执行强制拆除的主体是镇政府，仅凭

---

* 李显辉，北京市人民检察院第七检察部主任、二级高级检察官；刘薇，北京市人民检察院第二分院三级高级检察官。

村委会自认拆除的一纸《情况说明》，就将镇政府规避于被告之外，将当事人阻于"法的门前"。这样的结果似乎有违经验法则和常识常理，这也成为检察机关深化调查核实的逻辑基础。

二、敢于监督前提是查明案件事实

既然前置程序都是镇政府所为，那么最后一步的强制拆除行为是谁在执行？这是本案能否监督且必须查明的关键事实。经调查核实，马某在房屋被强拆时当即报警，请求某公安分局对"不明身份人员"强拆其房屋进行查处，因未得到答复，马某向某区人民政府申请行政复议。复议期间某公安分局出具的《行政复议答复书》和辖区派出所的《工作说明》，以及某区人民政府经审查后作出的《行政复议决定书》中均确认："经了解为某镇政府及某城管执法局等部门联合执法拆违，属于政府行为。"与之相反的证据材料是某村村委会提交的《情况说明》，自认是其"按照村委会会议精神，对马某出租大院进行拆除清理，并邀请某镇规划建设和环境保护办公室与某城管执法局作为见证人进行现场监督指导"。

承办检察官认为，既然出现相悖的证据材料，就要去伪存真，把事实调查清楚。于是，先后向镇政府、某村村委会发出《协助调查通知书》，对镇政府负责同志进行询问，并前往某村与"村两委"召开了座谈会，就《情况说明》中涉及的拆除行为的具体实施人员、拆除经费拨付等基础事实进行调查核实，形成了《座谈会议纪要》。某村村委会承认其既未自行组织拆除，亦未委托他人拆除，《情况说明》系在镇政府授意下出具，与实际情况不符。

三、只有精准监督才能有力监督

在此类案件中，由于行政相对人处于弱势，证据收集意识和能力普遍不高，若没有收集到马某通过行政复议所获取的公文文书，亦无法推翻非行政主体的自认时，应结合法律规定、全部在案证据、镇政府查处违法建设的法定职责等因素综合判断是否存在行政委托关系。具体到本案中，村委会出具的《情况说明》，自认其对涉案违法建设实施了拆除清理，系依据《村民自治章程》而实施的村民自治行为。综合全案事实，虽然村委会自认实施了强制拆除行为，但由于其不具有强制拆除乡村违法建设的职权，且有证据证明认定"乡村违法建设、发布《限期拆除通知书》"等一系列行为均为镇政府实施，故应当认定被诉强制拆除行为系职权主体与非职权主体基于共同意思联络、共同参与下实施的。即使是村委会自行实施，其仅系行政机关的行政助手和行政辅助者，犹如其"延长之手"，亦可推定构成行政委托。

检察机关在充分调查核实的基础上，结合法律规定依法提出抗诉获法院改判。判决确认镇政府为强制拆除的主体，并认定其强制拆除行为违法。这一结果直接刺破了行政机关假借村民自治的"面纱"行逃避行政责任之实。一方面精准监督了法院的行政裁判，另一方面督促行政机关依法行权履职，使行政相对人摆脱"程序空转"的窠臼，畅通司法救济渠道。

该案之后，北京市检察机关本着"办理一件，治理一片"的精神，针对与本案类似的乡镇政府在拆违过程中，找村委会"顶包"、授意村委会"自认"实施拆除，从而逃避行政责任的案件进行了梳理，就 8 件类案向法院提出抗诉或再审检察建议，有力促进了司法统一，切实维护了行政相对人的合法权益。

🔍 专家点评

践行公平正义是一切公权力的法治底线

——马某诉某镇人民政府强制拆除检察监督案

王周户*

《法治中国建设规划（2020—2025年）》"以人民为中心"原则指出"努力让人民群众在每一项法律制度、每一个执法决定、每一宗司法案件中都感受到公平正义"，应当是就如何坚守并做到科学立法、严格执法、公正司法建设总方针上对立法权、行政权、检察权、审判权提出的法治底线性要求。

"马某诉某镇人民政府强制拆除检察监督案"入选十大行政检察典型案例的价值和意义在于以下几点：

一、"去伪存真"，追求客观事实与法律事实的一致性

"以事实为根据、以法律为准绳"是执法、司法机关应当坚守的一项基本法律原则。从法律学科专业化角度而言，这里的事实一般是指依照法律规定予以认定的事实即法律事实，就是既要达到某个法律制度规范所规定的状态要素的事实，而且还要通过法定证据按照证明规则能够予以认定的事实。这样就有了客观事实与法律事实之分了，即只有客观事实能够被上升或者认定为法律事实的情况下，才能够成为执法、司法机关适用法律的事实根据。当然，现实社会以及执法和司法实践中，可能会出现客观事实与法律事实不一致的情况。但这种不一致只是一种表面现象而经过努力可以实现一致，还是确实由于现实条件及其相关因素所限致使不一致（比如又缺乏相关证据而无法在法律上认定某个案件事实的存在或者成立），这就要求执法、司法机关要通过依法行使权力和履行职责尽力"查明真

---

* 王周户，中国法学会行政法学研究会副会长，西北政法大学行政法学院教授。

相"以实现法律事实与客观事实的一致性，以保障法律的正确适用和彰显法治的公平正义。

在本案中可以看到，针对马某房屋被拆是否属于镇政府以及区城管执法局实施的行为事实，从表面现象的法律事实上看，一方面，有镇政府不承认实施过拆除行为，而村委会提供《情况说明》"自认"实施了拆除行为，似乎应当认定房屋拆除行为不是镇政府所为；另一方面，公安机关在马某申请复议其不作为情况下提交答复材料载明"经了解为某镇政府进行的拆除违建行为"，而且区政府复议决定采信了公安机关材料载明情况并认定房屋拆除行为系镇政府实施，据此驳回了马某的复议申请，似乎可以认定镇政府实施了房屋拆除行为。这样就形成了该案件中法律事实与客观事实的不一致。但在某镇规划建设与环保办公室和某村村委会曾经以案涉房屋系违法建设而联合向马某发出《限期拆除通知书》限期自行拆除案涉房屋为前提和基础的情况下，基于社会常识常理以及人之常情进行判断，能够得出社会生活中因为有人"打抱不平"而"隐姓埋名做好事"去默默替镇政府强拆了该房屋的结论吗？答案显然是不可信的。但由于缺乏直接证据能够证明某镇政府实施了拆除行为的情况下，原一、二审法院就简单以表面现象所形成（即无法直接证明镇政府实施了拆除行为）的法律事实为根据驳回马某的起诉，使得马某在面对镇政府《限期拆除通知书》且发生了符合镇政府拆除通知要求的房屋被拆除的客观事实情况下，却无法依法行使救济权利的尴尬与窘迫状况。

检察机关在接到马某监督申请后，没有止步于已经形成但不符合社会常态的表面现象法律事实，而是基于作为法律监督机关的监督职能及其职责权限依法进行调查取证以查明"真相"，追求法律事实与客观事实的一致性，努力让人民群众能够从案件中感受到法治的公平正义。经调查核实，村委会出具的《关于拆除马某违法用地情况说明》（"自认"实施了案涉房屋强制拆除行为）系在镇政府授意下出具，与客观实际情况不符。检察机关依据相关法律制度规范规定，调查核实案件真实情况，既为正确适用法律规范奠定了"事实根据"基础，也践行和彰显了法治的公平正义。

二、遵循公法原理，正确适用规范公权力的法律制度规定

基于维护公共秩序和国家社会公共利益确立了"公务优先"原则以及

"法的安定性"理论，因而也就在行政法律制度中赋予了公权力的单方优益性及其作出的行政行为具有公定力、确定力、执行力等系列优势法律效力地位，也就使得一般情况下行使行政权力作出的行政行为自成立时起就具有了被依法推定（假定）合法有效的优势法律地位。同理，按照权利义务对等一致原则，就像在行政法律制度中赋予行政权力的单方优势和优先性一样，也应当基于同样的原理及其逻辑思路来确认行政权力的职责及其行为事实的认定。要避免在职权行使方面基于公法原理赋予行政权力特殊的公法地位，在需要确认行政权力的法定职责内容与应当承担责任法律事实的认定时，却又按照私法原理及其规则进行判断确定。比如某人被某公安机关依法传唤，不管其本人是否存在公安机关正在查处的相关违法事实或者与案件事实相关的情形，该公民都应当按照"公务优先"原则而接受和遵守传唤行为要求。在公民从被传唤场所出来控诉公安机关对其进行了刑讯逼供而且身上有伤的情况下，公安机关否认存在刑讯逼供行为且认为其伤情属于自伤或者对此不知情，此时，若依照私法原理及其法律制度进行相关事实认定，则应当由被传唤者举证予以证明，否则法律事实就不能得到认定而无法成立；若依照公法原理及其法律制度规则对相关事实认定，则应当由公安机关举证证明不存在刑讯逼供并使其受伤。

本案中，面对马某房屋被拆除的客观事实，从开始镇政府否认房屋拆除行为非其所为，到一、二审法院认为现有证据不足以认定房屋拆除系镇政府所为而驳回马某起诉，应当说在某种程度上都是基于私法理论及其法律规范的思维方式来适用举证责任及证明规则，从而对拆迁房屋拆除行为事实进行认定的。而检察机关经过调查核实村委会出具的《情况说明》"自认"实施了案涉房屋强制拆除行为与客观实际情况不符，且从调查信息中得知，实际情况是镇政府与区城管执法局实施的房屋拆除行为。某镇政府作为依法行使相应行政权力的法定机关，其实施的认定案涉房屋为违法建设并作出《限期拆除通知书》的行政行为是引发房屋被诉除前提和基础，公安机关为应对马某申请复议提交的《行政复议答复书》及辖区派出所出具的《关于马某的信访回复》《工作说明》等证据答复材料载明了"经了解为某镇政府进行的拆除违建行为"，以及区政府在《驳回行政复议申请决定书》中对相关事实的认定，这一系列国家执法机关依职权制作的公文文书，明确指出拆除案涉房屋实际上为镇政府实施，这些都应视为马某已经提供初步证据，履行了举证责任。如果镇政府依然不承认房屋拆除行为系自己所为，就应当依照有关行政法律规范采用举证责任倒置，由镇政府履行举证责任，若镇政府不能举证或者不履行举证责任，就可以从法律事实上认定房屋拆除系其所为。如此适用公法原理对某镇政府实施房屋拆除行为事实予以认定，才真正践行和彰显了法治的公平正义精神和要求。

三、"一手托两家"，检察机关努力践行对法律实施活动的监督

行政执法行为和司法审判行为，无论从事实认定还是到法律适用，都要努力让人民群众案件能够感受到公平正义。监察机关依法独立行使监察权对所有行使公权力人员的公职人员进行监察监督，人民检察院依法独立行使检察权履行法律监督职能，国家监察和司法检察形成了中国特色社会主义法治体系中法律监督体系的最主要组成部分。监察监督和检察监督都要通过对法律实施过程的监督努力让人民群众感受到公平正义。

履行法律监督是检察机关的法定职责。在检察机关的法律监督事项范围中，保障法律制度得到正确有效实施是检察机关的主要职能任务之一。相应地，作为法律实施体系主要组成部分的行政执法和司法审判法律实施活动也应当属于检察机关法律监督的对象。

本案中，一方面检察机关以两审法院驳回马某起诉为法律监督切入点，认为：镇政府实施了认定案涉房屋为违法建设并作出《限期拆除通知书》的行为，同时马某又提交了公安机关和行政复议机关依职权制作的有关公文文书，文书明确指出了是镇政府实际拆除了案涉房屋，依照行政诉讼法相关规定，应视为马某已提供初步证据和履行了举证责任，"一手托起"了对法院审判活动的监督。另一方面检察机关对房屋拆除行为到底是否系镇政府所为进行调查核实，最终查明村委会的《情况说明》系在镇政府授意下所出具，与镇政府不承认实施了房屋拆除行为以及村委会"自认"实施了案涉房屋拆除行为的实际情况不符，最终经过法院再审认可了检察机关调查取得的证据及抗诉意见，判决确认了某镇政府的房屋拆除行为且违法，"一手托起"了对行政机关执法活动的监督。本案例中"一手托两家"不仅彰显了检察机关在行政检察职能领域所涉及的法律监督事项和承载的法律监督任务所具有的特殊性，而且充分体现了检察机关的法律监督职能在保障国家法律制度得到正确实施以及在实践中推动法律实施体系建设方面具有更为重要的功能和作用。

四、深化法律监督体制机制，深入推进高质量法治政府建设

毫无疑问，本案最直接的法律监督效果就是撤销了原一、二审法院驳回马某起诉的裁定，既认定了马某状告镇政府房屋拆迁行为的起诉权利，也确认了镇政府房屋拆除行为违法，保护了马某的法律救济权利，实现了"保护公民、法人和其他组织的合法权益，监督行政机关依法行使职权"的行政诉讼功能，非常值得肯定和赞赏。

然而，基于镇政府不仅不承认实施了房屋拆除行为并且还授意某村委会出具《情况说明》"自认"实施了拆除房屋行为的情况，对本案的监督不能满足和止步于实现了马某法律救济权利，还应当通过实施更深次的法律监督对行政机关及其相关人员进行惩罚性责任追究。

首先，"诚信"既是社会主义核心价值观的一项基本内容，又是法治政府建设的一项基本要求，还是社会主义法治文化和法治理念以及社会行为道德规范的应有之义。其次，常说"法律是最低的道德行为规范"。从法律制度规定层面看，民事、行政诉讼法律制度都将"指使""他人作伪证的"和"伪造""重要证据""或者提供虚假证明材料""妨碍人民法院审理案件的"，纳入妨碍诉讼制度的行为情形之中予以制裁，应根据事实和情节进行司法处罚乃至追究刑事责任。

某镇政府对自己实施的房屋拆迁行为一直不予承认，而且在马某经过行政复议后向法院提起诉讼的情况下，还授意某村委会提供不符合实际情况的虚假《情况说明》。这样的行为与做法，不光违背道德，还触及法治底线。然而，检察机关经过筛查发现，该地域范围内还有8起类似情形案件，且类似情形在全国其他某些地方也是存在的。这说明一些基层行政机关对自己实施的类似做法似乎习以为常。因此，检察机关的监督十分有必要。

"推进全面依法治国，法治政府建设是重点任务和主体工程，对法治国家、法治社会具有示范带动作用，法治政府建设应该率先取得突破"。全面推进严格规范公正文明执法和加快政府诚信建设都是"深入推进依法行政，加快建设法治政府"中的重要内容。如何通过建设高质量法治政府推动和带领社会进行高质量发展，全面推进法治政府建设举足轻重。基层政府机关是人民群众感受法治政府建设状况及其效果的直接"窗口"和"平台"。鉴于当前法治政府建设中某些地方在某种程度上存在的"上热中

温下冷"现象，以及结合本案例所发现的问题，不能因通过行政检察监督实现了对公民权益的法律救济而止步，而是应当进一步推进和完善以及践行对行政权力及其行为的惩罚性制裁性法律责任追究制度及其机制。因此，其一，针对基层行政机关对自己实施的行为在进入法律程序尤其是司法程序中"不承认""说假话"以及授意（指使）第三方提供假《情况说明》"作伪证"的行为，不能放任和姑息，而应通过法律监督，由法定有权机关依据现行相关法律制度追究其制裁性法律责任，践行"法律面前人人平等"，让人民群众感受到法律适用和法律制度实施中的公平正义。其二，借助于法治政府建设中"健全行政权力制约与监督体系"，在形成合力监督方向下构建和完善法律监督体系中的救济责任承担与惩罚性制裁性责任追究衔接制度机制，不再让行政机关出现触及法治底线的"拙劣"行为现象，以保障和推动法治政府建设真正起到"引领示范作用"，实现"率先突破"。

人大代表点评

以检察监督促依法行政

吴华侠[*]

　　党的十八大以来，习近平总书记多次强调，全面依法治国，必须坚持严格执法、公正司法，要让人民群众在每一个司法案件中感受到公平正义。本案正是检察机关积极履行监督职责，督促行政机关依法行权履职、人民法院依法公正审理的典型案例。

　　拆除违法建设是北京市人民政府"疏解整治促提升"的一项重要工作，亦是法律赋予行政机关的一项职责，但现实中困难重重，因为即使是违法建设也牵涉人民群众巨大的切身利益。但无论如何，依法行使职权，按照法定程序拆除仍然是应该坚守的底线。本案中，某镇政府在履行强制拆除马某的违法建设后，却授意村委会"顶包"，规避自身责任，这种做法既给老百姓造成维权困难，也违背了依法治国、依法行政的大政方针。检察机关在查明事实的基础上，果断抗诉，通过司法判决的方式确认强制拆除行为违法，让我们深深感受到检察机关的监督力度，以及检察监督对维护行政相对人合法权益，促进依法行政，助推法治政府建设的重要功能价值。

---

　　[*] 吴华侠，第十四届全国人大代表、北京前门都一处餐饮有限公司副经理。

2. 黑辽检察机关督促撤销方某被冒名婚姻登记检察监督案

【关键词】

行政争议实质性化解　跨省一体化协作　多条线融合履职

【案例简介】

修某以"方某"身份信息办理假身份证，2012年6月，其冒用"方某"身份与杨某在辽宁登记结婚，2013年10月双方协议离婚。2016年10月，修某冒用"方某"身份，与王某在黑龙江登记结婚，2019年法院缺席判决离婚。修某在上述婚姻中各育有一子。2017年8月至11月，修某多次冒用"方某"身份办理贷款，方某发现身份信息被冒用后，向公安机关报案。2021年3月，公安干警带修某、王某用"方某"身份再次办理结婚登记，同日申请离婚登记未能成功。同年4月，方某发现自己再次被结婚后，多次上访均未得到解决。同年12月，修某犯盗用身份证件罪、诈骗罪被判处有期徒刑并处罚金。此外，修某冒用"方某"身份因打架斗殴被多地公安机关予以行政处罚。

2022年哈尔滨市某县检察院在办理公安干警滥用职权案中发现修某冒名婚姻登记线索，因线索涉及两省多地，黑龙江省检察院将部分监督线索移送至辽宁省检察院。为切实维护当事人合法权益，黑龙江省院、辽宁省院决定跨省协作，依职权进行监督。由省院统筹调度制定方案，按管辖区域各自组成三级检察院一体化办案组，兵分两路开展行政争议化解工作。办案组采取调查核实、释法说理、公开听证、公开宣告送达等方式，分别向冒名婚姻登记地民政部门制发检察建议，民政部门依法撤销了案涉婚姻登记；协调公安机关为方某消除了被冒名的行政处罚记录。黑龙江检察机关协调卫健委对修某冒名生育所涉出生医学证明登报声明作废；向法院制发审违和再审检察建议，撤销了缺席离婚的民事判决。辽宁检察机关在办案中了解到与修某缔结婚姻关系的杨某意外身亡，家中老母幼子生活困难后，依法向"一老一幼"发放司法救助金，并促成未成年人法定监护人变更。两省检察机关在"护航民生民利"专项监督活动中，共办理涉虚假婚姻登记案件 49 件，制发社会治理类检察建议 1 件。哈尔滨市院、大连市院还会同相关部门建立办理虚假婚姻登记案件协作配合机制。

【典型意义】

冒用他人身份信息进行婚姻登记，不仅干扰正常的婚姻登记秩序，对公民的身心和生活也带来一系列负面影响。为一揽子解决百姓难心事，两省三级检察机关充分发挥一体化优势，跨省协作，多条线融合履职，实质性化解行政争议，积极延伸服务视角，打通检察为民"最后一公里"。以个案办理为切入点，建立诉源治理长效机制，联手畅通救济渠道，促进对冒名、虚假婚姻登记行为的综合治理。

📝 **办案心得体会**

强化能动履职，展示为民情怀

吴立英　孙黎黎[*]

"吴检察官，出生医学证明的事已经解决了，真的很感谢您，没有您永远也解决不了了。"在接到方某感谢短信的那一刻，我们的心情久久不能平静，也许这就是一个检察官的为民情怀吧。方某被冒名婚姻登记检察监督案，案情复杂曲折，前后办理了一年多，在帮助方某解决了因被冒用身份产生的诸多疑难问题后，如今再回首办案历程，还有许多深刻体会。

一、一体化办案是本案成功的保障

修某冒用方某身份，在辽宁省登记结婚、生子、登记离婚，后又在黑龙江省登记结婚、生子、诉讼离婚、再登记结婚，最后因盗用身份证件罪和诈骗罪，被哈尔滨市呼兰区法院判处有期徒刑 1 年 6 个月。哈尔滨依兰县检察院在办理职务犯罪案件中发现该案线索并移送省院，因婚姻登记地点在绥化市青冈县，案情及所涉地域均十分复杂。经过分析研判，遂采取了三级一体化的办案模式办理该案。

本案充分发挥了行政检察一体化办案的优势，办理中三级院共同研究工作方案，在调查核实、法律适用、检察听证、文书撰写等方面进行了多次的沟通和研讨，省院对各办案环节均进行了严格把关。通过省院高位推动，取得了单靠基层检察院难以完成的工作成果，在消除方某的不良信息、作废出生医学证明上，实现了三省检察机关的一体履职，实现了与省级行政机关的沟通协调。办案中我们深切地感受到正是通过这种科学的上下统筹、横向协作、内部整合的工作方式，切实提升了法律监督整体效能，也增强了上下级院之间的凝聚力、战斗力。

---

* 吴立英，黑龙江省人民检察院第七检察部副主任、三级高级检察官；孙黎黎，黑龙江省绥化市人民检察院第五检察部主任、一级检察官。

二、全面融合履职是高质效办案的体现

在本案办理中，哈尔滨市院与市民政局探索建立办理冒名顶替或者弄虚作假的方式办理婚姻登记类案件协作配合机制，协同推进行政争议实质性化解工作；青冈县院对在方某被冒名的诉讼离婚案件中发现的违法情形制发了民事审违检察建议和再审检察建议，均被法院采纳。绥化市院在该案发生后对全市婚姻登记机构工作情况进行调查核实，针对发现的婚姻登记机关人员编制混乱，学习培训不系统，婚姻登记员无证上岗等问题，向市民政局制发了检察建议，并与行政机关座谈落实，推动全市婚姻登记机构开展专项整治，建立了内部长效管理机制。

本案中的高质效体现在不就案办案上，对于个案中发现的问题，进一步展开监督工作，充分发挥检察机关社会治理作用，强化婚姻登记领域诉源治理，做到了办理一案、治理一片。在办案中与行政机关互相配合，形成工作机制，加强了沟通，特别是在落实《关于妥善处理以冒名顶替或者弄虚作假的方式办理婚姻登记问题的指导意见》上，与行政机关形成了密切配合的工作格局，办理了一批护航婚姻登记领域民生的检察监督案件，实现了与行政机关的合作共赢。

三、依法能动履职是本案破解难题的关键

根据法律规定，青冈县检察院向青冈县民政局制发检察建议后，方某在青冈被冒名顶替的婚姻登记被撤销。方某个人婚姻登记信息予以更正，但方某被冒名顶替时的行政处罚信息的相对人和修某在青冈所生孩子出生医学证明的个人信息均为方某。检察机关协调多地公安机关，为方某消除修某冒充其身份在辽宁省和吉林省的行政处罚记录。经黑龙江省卫计委指导，青冈县中医院对该出生医学证明进行了登报作废。

孩子的出生医学证明存在错误，修某及孩子父亲均不主张将出生医学证明恢复到真实状态，在无法取得 DNA 鉴定的情况下，如何消除修某冒充方某身份办理出生医学证明的影响成为难题。在推动作废出生医学证明的过程中，检察机关多次到卫健部门了解情况，调取相关材料，共同研究法律法规，寻求解决办法，并为方某与行政机关搭建桥梁，在行政机关受理方某申请后，与行政机关保持密切联系，持续关注进展，对出现的新情况新问题提出建议，最终该出生医学证明依法予以登报作废。无论是消除

行政处罚记录还是作废出生医学证明，因法律规定不明确和案件的复杂性，在检察机关的推动下，仍然经历了一段相对曲折的过程。如果检察机关在婚姻登记撤销后就停止工作，方某的权利的实现会更加困难。方某作为受害者，将其信息恢复为真实状态，才是真正实现了公平正义。推动在法律框架内满足当事人合理诉求，综合运用多种方式，维护当事人合法权益，是检察职责所在，虽难，但应始终坚持。

四、让群众满意是本案诠释的办案理念

由于方某一直在外省生活，检察机关办案中，均是通过电话沟通。材料提供上，只要检察机关可以收集的，均不要求当事人必须提供。案件承办人在案件处于行政机关办理环节时，也帮助方某提前与行政机关取得联系，尽量在不影响其生活的情况下，依法恢复其各项权益。在每一次与方某的沟通中，都能够切身地感受到她情绪的变化：一开始她因为被冒名顶替，无法婚姻登记，无法贷款购房，情绪十分激动，但随着检察机关工作的开展，她逐渐开朗起来，并总是感谢检察机关。工作中我们始终坚持要把屁股端端地坐在老百姓这一面，确保检察权为人民行使，让人民满意。办案中的"事心双解"，就是我们最好的办案质效。"如我在诉"不是空谈，通过自我加压、为群众减压，让群众的事情有人管，通过能动履职，督促履职，将每一项工作落在实处，在群众的维权道路上，打通最后一公里，群众满意的同时，我们收获的是成就感。

合上卷宗，百感交集，方某被冒名婚姻登记检察监督案获评 2023 年度十大行政检察典型案例，是鼓舞也是鞭策。我们既要做维护公平正义、业务精通的检察官，也要做充满群众感情、有司法温度的检察官，用扎扎实实、踏踏实实、求真务实的工作作风诠释为大局服务、为人民司法、为法治担当。

能动履职促化解　"三位一体"护民生

刘世红[*]

"黑辽检察机关督促撤销方某被冒名婚姻登记检察监督案"获评 2023 年度十大行政检察典型案例，代表着最高检对黑辽检察机关共同完成检察作品的充分肯定，对两省三级所有参与本案办理的检察同仁来说，是奋斗中的惊喜和鼓励，更是前行路上的动力和鞭策。作为辽宁检察机关在这起案件中的承办人之一，回顾案件的办理过程，既有收获也有感悟，现分享以下三点心得体会。

一、以"办案就是办人生"为理念，擦亮行政检察为民本色

为民司法是行政检察工作永恒的主题，也是行政检察人不变的追求。工作中我们坚持以问题为导向，深入践行以人民为中心思想，不断滋养民本之心、民生情怀，自觉把每件"小案"都当作"天大的事"来办，设身处地，推己及人，听民声、晓民情、解民意，让群众切实感受到公平正义就在身边。在办理督促撤销方某被冒名婚姻登记检察监督案中，我们在倾听方某诉求时，以同理心感受她作为未婚女性，得知自己多次被结婚、被离婚、被生子、被行政处罚后愤懑无助的心态，充分理解方某所遭遇的人间冷暖和寻求救济的艰难，以对当事人高度负责的态度，急当事人之所急，想当事人之所想，多措并举为方某消除了负面影响。当了解到同为冒名婚姻受害者的杨某意外身亡，家中老母幼子生活困难，冒名者 10 年对孩子不闻不问，且出狱后已重组家庭的现状后，我们经过充分研判，一方面向未检部门移送线索，对杨某亲属释法说理，引导其聘请法律援助律师，通过主动联系冒名者并由杨某所居住街道出具证明等方式，促成未成年人法定监护人变更；另一方面向控申部门移送司法救助线索，依法向"一老一幼"发放司法救助金，纾解燃眉之急，以"如我有难"之心和为民情怀拉近与人民群众的距离，使其于细微之处感受到良法善治的温度，在共情共鸣中解"法结"化"心结"。

---

* 刘世红，辽宁省大连市人民检察院第十检察部主任、三级高级检察官。

二、以诉源治理长效机制为依托，力促行政争议实质性化解

注重发挥检察机关法律监督优势地位，以监督司法权、行政权以及保护行政相对人合法权利为落脚点，帮助申请人从案结事未了的困境中解脱出来，并通过典型个案办理"见微知著"，与相关部门建立协作机制，发现和解决同类问题。如我们以办理督促撤销冒名婚姻登记检察监督案为契机，积极整合司法资源和行政资源，会同市法院、市公安局、市民政局制定下发《关于建立办理冒名顶替或者弄虚作假婚姻登记案件协作配合机制的意见（试行）》，既畅通了司法与行政的衔接渠道，又加强了信息互通和资源共享，拓宽了办案视野和工作思路，通过行政检察"一手托两家"的功能发挥，与相关部门紧密配合、同向发力，成功办理了多起同类案件，达到了办理一案、治理一片、惠及一方的良好效果。目前，我们正在积极创建虚假婚姻登记大数据监督模型，借助数据思维打通信息壁垒、解析监督规律、排查案件线索。计划待模型落地后，在大连地区组织开展"婚姻登记"行政检察专项监督活动，力争通过数据赋能、专项引领，实现"个案办理—类案监督—社会治理"的转化，进一步深化监督层次，提升行政检察监督质效。

三、以"一体化办案"模式为抓手，最大化发挥监督效能

检察一体化是检察机关有效行使检察权的重要保障，也是推进新时代检察工作高质量发展的重要抓手，采取"纵向一体化有力联动、横向一体化融合贯通"的工作模式，其根本目的就在于聚合检察资源，形成履职合力，提升法律监督效能。方某被冒名婚姻登记检察监督案的线索，源自哈尔滨某县检察院职务犯罪侦查部门在办理公安干警滥用职权案中的发现，因冒名者的部分违法行为发生在辽宁大连，黑龙江省院坚持系统思维，本着一查到底的态度，将线索移送至辽宁。接到线索后，我们先后联系了黑龙江省院办案人和受害人方某，分别从检察官和当事人视角对案件的来龙去脉有了基本判断。出于将案件做深做细、实现最佳办案效果的考量，我们向辽宁省院请示可借鉴黑龙江检察机关三级一体化的办案模式，得到省院批准。由省院负责统筹指挥、协调督导，市院下沉基层院指导、参与办案，基层院利用属地优势，就近开展工作。在解决案涉婚姻登记和行政处罚问题中，我们又发现与冒名者缔结婚姻的杨某意外身亡，留下老母和幼

子生活困难，为延伸监督触角，经请示省院后，采取横向一体融合履职方式，向控申、未检部门移送线索，最终一揽子解决了案涉群众的急难愁盼。在与黑龙江检察机关办案人互通互学案件进展、共同提炼案例亮点的过程中，我们切身感受到一体化办案模式的价值所在，两省三级检察机关打破空间壁垒，优化资源配置，相互配合、相互借力，最终实现了 $1+1+1>3$ 的最优监督质效。受此启发，大连检察机关在办理疑难复杂行政争议案件中，也充分利用了一体化办案优势，以精准监督、穿透式监督理念为引领，实质性化解了多起纷争，取得了检察办案"三个效果"的有机统一。

正如习近平总书记在党的二十大报告中指出的，"新时代的伟大成就是党和人民一道拼出来、干出来、奋斗出来的"，行政检察监督工作实绩，也需要我们拼出来、干出来、奋斗出来。未来的日子里，我们将始终把公平正义融入案中，把民生民利装在心中，把司法为民落到实处，高质效办好每一个案件，解民忧、纾民怨、暖民心，让人民群众更有获得感、幸福感、安全感，以生生不息的初心和热爱践行检察担当和使命。

专家点评

拓展"行政反向衔接",借助一体履职优势有效实质化解争议
——"黑辽检察机关督促撤销方某被冒名婚姻登记检察监督案"评析

余凌云[*]

一、拓展"行刑反向衔接"的范例

"行刑衔接",也称"两法衔接""行刑双向衔接",是指"行政执法和刑事司法相衔接"。"行刑衔接并非始终是单向的,而应当是双向的。"[①]可以是由行到刑的正向衔接,也可以是由刑到行的反向衔接。既有行政执法中将涉嫌犯罪案件或者犯罪线索移送司法机关处理,也有司法机关裁判之后将应当行政处理的案件或者线索移送行政机关。

在以往的法律文件,以及 2021 年最高人民检察院发布的五起人民检察院行刑衔接工作典型案例中,都注重刑事处罚和行政处罚、政务处分、其他处分之间的无缝衔接,克服有案不移、有案难移、以罚代刑。"行刑反向衔接"也不例外,主要关注不刑不罚、应移未移、应罚未罚问题。

但是,本案揭示了一个新的问题,提出了一个新的思路,就是刑事判决之后,法院已经认定的犯罪事实涉及行政机关已经作出的行政行为,是否也应当及时移送有关行政机关及时更正;对于"行刑反向衔接"涉及行政机关跟进履职义务,检察机关是否也可以实行反向监督,督促行政机关尽快履行职责。

以往,由于"行刑反向衔接"仅限于行政处罚与刑事处罚之间的衔

---

* 余凌云,中国法学会行政法学研究会副会长、清华大学法学院教授。

① 武晓雯:《行刑衔接机制的基本问题》,载《中外法学》2023 年第 3 期。

接，又不注意建立法院与行政机关之间的信息及时沟通机制，产生了诸多不衔接问题。比如，公职人员被判刑后，单位没有及时调整工资福利发放，就较为普遍。广东省检察院制发的《广东省人民检察院检察建议书》（粤检八部行公建〔2020〕Z1 号）中指出，"全省违规发放、调整涉刑退休人员基本养老保险待遇的问题普遍存在，涉及人数多，经年累计，涉案金额大。反映出我省涉刑退休人员养老保险管理制度不够完善、存在漏洞，造成社会保险基金损失，损害了国家利益和社会公共利益。"建议广东省人力资源和社会保障厅，"对于违规发放、调整涉刑退休人员基本养老保险待遇的问题，应当监督社会保险经办机构追回多发的基本养老保险待遇"。

本案也是一个例子。其实，早在 2021 年，呼兰区法院作出刑事判决，认定修某构成盗用身份证件罪、诈骗罪，其中犯罪事实就有冒用方某身份两次登记结婚。该案是由呼兰区检察院提起公诉，却既没有将刑事判决书抄送两地民政部门，建议其撤销婚姻登记，也没有将案件线索移送呼兰区检察院第七检察部，及时启动"行刑反向衔接"监督。

因此，进一步拓展"行刑反向衔接"机制实有必要。如果这种看法可以成立，那么，"行刑反向衔接"的内涵就能够进一步扩大，不限于常见的惩处类型，可以发展出履责类型。本案就可以视为"行刑反向衔接"监督的一个范例、一次有益尝试、一项创新。

1. 本案是对反向监督的有益延展

2022 年 1 月，依兰县检察院在办理哈尔滨市人民检察院交办的"公安干警何某、代某滥用职权一案"中，发现本案线索，修某冒名"方某"身份结婚登记，导致方某无法办理结婚登记手续，方某多次、多处上访无果。

从方某于 2021 年 4 月最后一次得知被结婚算起，到检察机关决定介入，要求民政部门撤销婚姻登记，早已超过了《行政诉讼法》（2017 年）第 46 条规定的起诉期限，检察机关无法通过指导、支持方某提起行政诉讼解决婚姻登记被冒名问题。检察机关可以支持方某请求公安机关更正治安处罚决定信息、请求中医院更正《出生医学证明》不实信息，因为"当事人请求更正错误的个人信息没有时效的限制（至少到现在为止没有明确的时效限制）；行政机关拒绝更正而当事人提起诉讼的，起诉期限应从行政机关拒绝更正时算起"。① 但是，只要被冒名而形成的法律关系中有一处不解决，就无法根本清除修某冒名行为给方某生活造成的麻烦。况且，该案涉及跨省多地，方某已经多次上访未果，让她继续多地上访，经年累月，奔走呼号，也不见得能一一彻底解决。

由检察机关介入，启动法律监督，建议有关部门主动撤销、更正，可以绕过起诉期限、当事人举证能力等难题。根据最高人民法院、最高人民检察院、公安部、民政部《关于印发〈关于妥善处理以冒名顶替或者弄虚作假的方式办理婚姻登记问题的指导意见〉的通知》规定，民政部门只要接到检察建议以及有关证据材料，经过核实，对符合条件的就可以及时撤销相关婚姻登记，没有期限限制。因此，与"尚某被结婚案"② 相比，检察机关介入监督是更为稳妥的解决路径。

经哈尔滨市检察院向黑龙江省检察院请示后，黑龙江省检察院认为，"因该线索涉及绥化市青冈县相关行政机关，决定采取一体化办案机制，由省院联合哈尔滨市院、绥化市院、依兰县院、青冈县院三级院组成工作专班，省院对该案线索进行督办"。后又发现修某在辽宁省大连市某市曾与杨某登记结婚，将案件线索也移送辽宁省检察院。

检察机关依据上述线索，启动了反向监督机制，不仅限于给大连市某市民政部门、青冈县民政部门发出检察建议，建议民政部门撤销有关婚姻登记，还从实质化解纠纷出发，扩大了反向监督范围，不限于检察院与行政机关之间的案件往返和职责衔接，而是将实质化解纠纷涉及的部门、单位一并纳入监督范围。第一，向青冈县法院制发审违和再审检察建议，撤销了错误的离婚民事判决。第二，与省卫健委沟通合作之下，青冈县中医院对有关出生医学证明登报声明作废。第三，与有关公安机关协调，消除了方某被冒名在辽宁、吉林的行政处罚记录。

这种技术性的延伸不仅适当，而且有益。首先，能够对因冒名结婚登记衍生出的诸多法律关系上的信息瑕疵，逐个纠正，力求监督到位、案结事了，受害人从此彻底不被冒名所困扰，回归正常生活。其次，在我国已有的人大监督、纪检委监督、行政机关内部监督、检察机关法律监督之间编织起来的监督体系中，检察机关的法律监督在"行刑衔接"上做如此适

① 何海波：《司法决策的合法性——以尚俊俊"被结婚"案为例》，载《中外法学》2023 年第 6 期。
② 参见江苏省南通经济技术开发区人民法院（2020）苏 0691 行初 325 号行政判决书。

度延展，有着极强的填补空白作用，十分必要。因此，本案对未来检察机关反向监督具有积极指导意义。

那么，反向监督的手段是什么？仍然是检察建议。第一，根据《人民检察院检察建议工作规定》（2019年）第5条、第8条规定，给法院制发的是再审检察建议。第二，根据《人民检察院检察建议工作规定》（2019年）第5条、第11条第4项规定，给民政部门制发的应当是社会治理检察建议，建议民政部门及时撤销错误的婚姻登记、离婚登记。就本案的情况，可以根据《人民检察院检察建议工作规定》（2019年）第5条、第11条第4项规定，制发社会治理检察建议，建议公安机关、中医院及时消除行政处罚决定、出生医学证明中修某冒用方某的身份信息。这是为了进一步消除有关冒用身份信息对方某未来工作、生活可能造成的不利影响，使其回归如初、重归安宁，再无后顾之忧。

那么，接到检察建议后，民政部门应否撤销婚姻登记、离婚登记？在本案中，两地民政部门都依据最高人民法院、最高人民检察院、公安部、民政部《关于印发〈关于妥善处理以冒名顶替或者弄虚作假的方式办理婚姻登记问题的指导意见〉的通知》规定，作出了撤销决定。民政部门在登记审核时尽到审慎注意义务，对冒名顶替无从知晓，婚姻登记、离婚登记上的身份信息不实，不构成登记行为违法，只是登记发生错误。检察机关应当向民政部门制发社会治理检察建议，而非纠正违法检察建议。民政部门撤销身份信息有瑕疵的婚姻登记、离婚登记，不会使冒名者与其配偶的婚姻关系自然解除或者归于无效。其实，准确地说，不是撤销，而是更正，消除错误的身份信息，民政部门的撤销决定也仅是产生信息更正效果，不是撤销婚姻关系。只是在婚姻登记管理系统中进行相应技术处理，备注说明情况并在附件中上传决定书，消除案涉婚姻登记信息与方某婚姻状况的关联性。[①] 同时，通知修某及时到民政部门更正婚姻登记。

公安机关接到检察建议后，应否消除身份信息瑕疵？第一，《公安机关办理行政案件程序规定》（2020年）第166条规定，"违法嫌疑人不讲真实姓名、住址，身份不明，但只要违法事实清楚、证据确实充分的，可以按其自报的姓名并贴附照片作出处理决定，并在相关法律文书中注明"。修某假冒他人身份，公安机关无从得知，以修某出示的身份证件作出治安

---

① 何海波：《司法决策的合法性——以尚俊俊"被结婚"案为例》，载《中外法学》2023年第6期。

处罚决定，于法有据，不算违法。第二，治安处罚决定属于政府信息。根据《政府信息公开条例》（2019 年）第 41 条规定，"公民、法人或者其他组织有证据证明行政机关提供的与其自身相关的政府信息记录不准确的，可以要求行政机关更正。有权更正的行政机关审核属实的，应当予以更正并告知申请人；不属于本行政机关职能范围的，行政机关可以转送有权更正的行政机关处理并告知申请人，或者告知申请人向有权更正的行政机关提出"。最高人民法院《关于审理政府信息公开行政案件若干问题的规定》（法释〔2011〕17 号）第 1 条第 4 项规定，行政机关拒不更正的，可以诉诸法院。在本案中，已经有刑事判决书认定了修某以冒名"方某"身份曾被治安处罚，公安机关就有义务及时更正治安处罚决定中违法行为人的身份信息。

中医院应否消除身份信息瑕疵？卫生部《关于进一步加强出生医学证明管理的通知》（卫妇社发〔2009〕96 号）规定，"《出生医学证明》是《中华人民共和国母婴保健法》规定的法定医学证明文书，是户口登记机关进行出生登记的重要依据"。卫生行政部门可委托相关机构负责《出生医学证明》的事务性管理工作。《出生医学证明》由具有助产技术服务资质的医疗保健机构为本机构内出生的新生儿直接签发。医疗保健机构与卫生行政部门之间是行政委托与被委托关系。《出生医学证明》也是履行被委托的行政管理职责过程中制作的信息，是政府信息。对于修某生育子女的《出生医学证明》中有关修某冒用"方某"身份信息，中医院在签发《出生医学证明》时不太可能知悉，但信息错误是客观存在的，中医院签发行为虽不构成违法，但应当依法及时更正错误信息。

2. 反向监督应当追求并实现的法律效果

检察机关介入"行刑衔接"实行反向监督，首先，不能就事论事，而应当由点及面，推动个案办理式监督向类案治理式监督转变。在本案中，以此为契机，黑龙江省检察院部署开展护航民生民利"婚姻登记"专项检察监督活动，办理虚假婚姻登记案件 38 件。辽宁检察机关在"护航民生民利"专项检察监督活动中，办理虚假婚姻登记案件 11 件。哈尔滨市香坊区检察院以"离婚"为关键词，对法院裁判文书进行数据检索，通过数据碰撞与人工排查相结合的方式发现虚假结婚登记案件线索。已促成 4 起虚假婚姻登记争议得以实质性化解。

其次，更为重要的，不能仅满足于案结事了，或者从个案到类案，扩大监督效能，还必须立足于建立长效机制，推进常态化治理。在本案中，检察机关也非常重视制度化建设。哈尔滨市人民检察院、哈尔滨市民政局制定了《关于建立办理冒名顶替或者弄虚作假婚姻登记类案件协作配合机制的意见》，要求"检察机关发现案件适宜开展行政争议实质性化解工作的，应当及时与民政部门沟通联系，民政部门应当在提交意见、配合化解、促进协作等方面予以配合"。大连市检察院还会同法院、公安、民政部门制定了《关于建立办理冒名顶替或者弄虚作假婚姻登记案件协作配合机制的意见（试行）》，在案件线索移送、联席会议、职责分工、信息共享等方面加强协作。

反向监督之所以应当实现以上两点法律效果，是因为"检察权的行使，不仅仅是要考虑个案公正的实现"，还要"保障在法律效力所及的范围内实现法律实施的统一性，进而保障在全社会实现公平正义"。[①] 在我看来，为了充分实现上述目标，除了上述已经提及的举措之外，还应当重视法律文书抄送机制、案件（线索）移送制度以及司法建议、检察建议。

第一，公安机关、检察院、法院在刑事诉讼中，决定撤销案件、不起诉或者判决宣告无罪终止追究刑事责任，应当由行政机关依法给予行政处罚、政务处分和其他处分的，公安机关、检察院、法院应当及时将有关刑事裁判文书抄送行政机关，并移送案件。这方面工作已有法律规定。但是，需要进一步明确，对于公安机关、检察院、法院移送行政机关处理的案件，检察机关应当对及时移送、全面移送、行政机关后续处理实行全过程法律监督。

第二，法院作出有罪判决后，看守所在刑罚执行完毕后，行政机关还应当依法跟进履职的，比如，公务员被判刑后，行政机关应当随即调整工资福利发放，法院、看守所应当及时将刑事判决书、出所手续等法律文书抄送行政机关，并提出有关建议。检察机关应当督促法院、看守所与行政机关之间建立和完善案件处理信息通报机制。

第三，检察机关决定不起诉的案件，以及已判决的公诉案件中，无法确定行政机关是否应当跟进履职，刑事检察部门与行政检察部门之间应当通力合作，及时研判。刑事检察部门要及时将刑事裁判文书和有关案件材料移送行政检察部门。行政检察部门经过研判确认行政机关存在跟进履职

---

① 张智辉：《试论检察一体化的基本特征》，载《人民检察》2007年第8期。

义务的，应当及时将有关刑事裁判文书抄送行政机关，并提出相应的检察建议，并对行政机关的回复和处理情况开展跟踪督促、跟进监督。刑事检察部门与行政检察部门之间应当建立案件移送研判制度。检察机关和行政机关之间应当构建检察监督与行政执法衔接制度。

二、充分发挥检察机关"一体化"领导体制优势，实行跨省跨部门协作

修某冒名行为涉及黑龙江、辽宁多地，形成了诸多法律关系，既有冒名结婚、生子、离婚，又有违反治安，打架斗殴、诈骗，还有冒名贷款。这些法律关系在行政机关、法院、中医院、公安机关都形成了相应的法律文书、档案记录，如果不一一纠正清除，势必会给方某未来生产生活带来不必要妨碍，方某也会上访不断。全面清除纠正，需要检察机关跨省、多地协同合作，而检察一体化构成了检察机关跨省一体化协作、多条线融合履职的制度基础。

关于检察一体化的定义及内涵仍有分歧，但是，"对检察一体化基本要点的概括还是大致相同的"。第一，检察一体化是在对外相对独立的基础上，强调检察机关是一个整体；第二，检察一体化的核心内容是检察机关上下级之间的领导关系；第三，检察一体化意味着分工基础上的统筹与协作。① 检察一体化的基本运行模式就是"上下统一、横向协作、内部整合、总体统筹"。②

结合本案来看，检察一体化的优势是明显的。第一，如果案件涉及多个主体、多个地区，彼此之间又有关联，需要多个地区检察机关之间的信息共享、协同合作，检察机关可以在上下领导关系基础上，纵向强调上命下从，横向强调相互配合，彼此呼应，联合互动，协同办案。"检察一体化除了纵向的上下级领导关系之外，还包括不同检察院之间横向的相互协作。只有纵向的上命下从而没有横向的相互协作，很难形成一个资源优化的有机整体。"③ 第二，检察一体，能够强化检察建议的法律效力。尤其是社会治理检察建议，被归为程序外的检察建议，"不是司法办案职权直接

---

① 张智辉：《论检察一体化》，载《中国法学》2023 年第 3 期。
② 姜昕、李成林、张建伟、侯亚辉：《检察一体化机制建设的推进与落实》，载《人民检察》2022 年第 3 期。
③ 张智辉：《论检察一体化》，载《中国法学》2023 年第 3 期。

针对的对象"①，被建议单位如果不接受检察建议，除了检察机关可以依照《人民检察院检察建议工作规定》（2019年）第25条规定采用通报方式，上级检察院也可以与被建议单位的同级党委、政府、上级行政机关沟通，抄送有关检察建议，反映有关情况，建议其监督指导被建议单位履行职责。第三，也是最为重要的，对于像本案这样案发地点分散，历时较长，已形成多种法律关系的错综复杂情形，通过发挥检察一体化，能够分头实施，协同配合，全面治理，有效实质化解纠纷，一举而竟全功。

在本案中，检察机关根据《人民检察院组织法》（2018年）第10条、第24条，《人民检察院检察建议工作规定》（2019年）第3条规定，充分运用了检察一体化体制。在黑龙江省检察院、辽宁省检察院相互沟通、信息共享之下，分别由两省检察院与其本省案发地市县检察院组成工作专班，由市检察院拿出工作意见，报省检察院批准，由市县检察院分别办理。

具体运作方式是，第一，由黑龙江省检察院联合哈尔滨市检察院、绥化市检察院、依兰县检察院、青冈县检察院三级院组成工作专班。这是基于检察机关上下领导关系而形成的一体化协作。第二，辽宁省检察院、大连市检察院、庄河市检察院办案组，仍然是基于上下级领导关系的协作。第三，按照检察机关的管辖权，同级对应制发检察建议。庄河市检察院对庄河市民政局发出撤销婚姻登记、离婚登记的检察建议，青冈县检察院对青冈县民政局发出撤销婚姻登记的检察建议，青冈县检察院向青冈县法院发出再审检察建议，绥化市检察院向绥化市民政局发出社会治理检察建议。

---

① 王志坤：《正确把握和运用各种类型的检察建议》，载 https://mp. weixin. qq. com/s？＿＿biz＝MzA5ODcxMDUxOA＝＝&mid＝2651528440&idx＝1&sn＝58f7de40354e104a40f31bfa890dbd01&chksm＝8b72da61bc05537734f05cfadd915d99a4b5d714ba2520720ab5a103a0bc31ef6e8bd8d51d5f&scene＝27，2024年1月23日最后访问。

人大代表点评

检察机关能动履职　多地一体化办案
切实维护人民群众合法权益

聂守军[*]

婚姻登记事关人民群众合法权益，被冒名顶替婚姻登记的受害者往往会面临维权举证难、申请民政部门撤销难、通过诉讼途径获得救济难等诸多困境。黑辽检察机关联合办理的这起案件不大，却充分体现了检察机关坚持以人民为中心，高质效办理民生小案的办案理念。

一是能动履职。通常情况下，检察机关监督民政部门撤销冒名顶替婚姻登记后，这个案件就可以办结了。但因被冒名对当事人生活造成的诸多严重不良影响，靠当事人自己是很难一一解决的。这个时候检察机关能动履职，通过大量的调查核实工作，以"我管"促"都管"，协调多地多个行政机关帮助当事人解决了这些难题，切实维护了当事人的合法权益。二是一体化履职。本案的线索来源于基层院办理的职务犯罪案件，在办理过程中，检察机关内部刑事、民事、行政检察部门融合履职，省市县三级检察机关组成办案组，一体化开展工作，同时进行跨省检察协作。通过一体化办案模式延伸了监督触角，打通了检察监督与行政衔接的堵点。三是促进社会治理。检察机关在办理个案的同时，注重发现婚姻登记机关存在的普遍性问题，通过检察建议进行监督。与民政部门建立协同配合机制，系统规范了婚姻登记行为，真正做到了办理一案、治理一片。

办案高质效，小案不小办。希望龙江检察机关再接再厉，办出更多护航民生民利的好案例，以更好检察履职服务保障龙江高质量发展。

---

[*] 聂守军，第十四届全国人大代表，黑龙江省农业科学院绥化分院纪委书记、副院长（最高人民检察院第二届特约监督员）。

平凡小案见人心，行政检察显温情

周大勇*

　　"努力让人民群众在每一个司法案件中感受到公平正义"，是习近平总书记对司法为民提出的要求。在这起督促撤销被冒名婚姻登记检察监督案中，黑龙江、辽宁两省三级检察机关跨省协作，上下一体、横向融合，齐心协力打通检察为民"最后一公里"，不但依法保障了正常婚姻登记秩序，为身受冒名所害的人民群众解决了大问题，还以个案办理为切入点，与司法、行政机关建立协作配合机制，推动对虚假婚姻登记行为的综合治理，促进社会和谐稳定。辽宁检察机关在办案中，深挖案件背后的问题，发现被骗婚的男方意外去世，留下"一老一幼"面临生活困境后，积极延伸办案视角，把百姓的难事当成自己的家事来办，想方设法为百姓解决急难愁盼。平凡小案最见人心，最能体现检察关怀。案件的成功办理，充分体现了检察机关为大局服务、为人民司法、为法治担当的责任与情怀。

---

　　* 周大勇，第十四届全国人大代表、大连工业大学食品学院院长。

3. 钱某诉某村委会要求履行法定职责检察监督案

【关键词】

再审改判　村委会被告资格　过程性行政行为　诉权保障

【案例简介】

钱某向某村委会提交书面建房申请，某村委会出具《情况说明》，告知钱某其建房申请与政策相悖。钱某不服，诉至法院，要求某村委会依法履行张榜公布建房申请、签署意见及报送某镇政府的法定职责。此前，钱某曾以某镇政府为被告，提起行政诉讼要求判决履行建房审批职责。前案中法院认为，钱某未向村委会提出书面建房申请，亦无村委会审批意见并张榜公布，某镇政府不具备启动后续办理程序的条件，故判决驳回钱某的诉讼请求。

一审法院认为，村民委员会对村民申请建房行使的相关职能系集体经济组织内的审查程序，属于村民自治行为，并非行政主体实施的行政行为，未对钱某行政法上权利义务产生实际影响，不属于行政诉讼的受案范围。据此裁定驳回钱某的起诉。钱某提出上诉、申请再审均未获支持。钱某向检察机关申请监督。

某检察分院审查后认为，村委会根据法规、规章授权可以成为行政诉讼被告；村委会对村民的建房申请张榜公布、签署意见、报送审批等系宅基地建房审批的必经阶段，属行政许可中的过程性行为；某村委会对钱某作出的《情况说明》，属于过程性行政行为但已导致事实上终止，产生了终局性结果，对钱某权利义务产生实质影响，属于行政诉讼受案范围。据此，某检察分院向某中级法院提出再审检察建议。2023年6月28日，某中级法院作出裁定，撤销原一、二审裁定，指令某基层法院继续审理。

【典型意义】

村委会作为群众性自治组织，当其履行法律、法规、规章授权的职责时，应当认定其属于行政诉讼适格被告。宅基地建房审批系行政许可行为，村委会依据法规、规章的规定履行张榜公布、签署意见、报送镇政府审批等职责，系行政许可中的过程性行政行为，当过程性行政行为发生终局性结果，将直接导致建房申请的审批流程无法进入下一审核阶段。故村委会的行为属于人民法院行政诉讼受案范围，村委会亦具有被告主体资格。法院以不属于行政诉讼受案范围为由裁定驳回起诉，损害了当事人的诉权。检察机关应当依法监督，切实保障当事人诉讼权利。

📝 **办案心得体会**

以精准监督促有力履职
依法保障当事人诉讼权利

张雪静*

根据村民委员会组织法，村委会虽是基层群众性自治组织，但同时还要协助政府行政管理工作。根据《上海市农村村民住房建设管理办法》，农村村民申请宅基地建房，应向村委会提交建房申请。村委会将农户成员人数、建房位置、宅基地和建筑占地面积、建筑方案等相关信息张榜公布，公布期限不少于 30 日。公布期间无异议的，村民委员会应当在申请表上签署意见后，连同建房申请人的书面申请报送镇（乡）人民政府；公布期间有异议的，村民委员会应当召集村民会议或者村民代表会议讨论决定。如村委会不予受理、怠于审查或者拒绝村民的建房申请时，建房申请人如何寻求司法救济呢？本案通过检察监督，对上述问题进行了深入梳理及回应。回顾本案的办理过程，承办人有以下几点体会。

一是提升监督敏锐度，在小案件中发现大争议。在我院受理的案件中，承办人发现了两件要求村委会履行法定职责的案件，同是宅基地建房审批领域，一件判决驳回起诉，而另一件裁定驳回起诉。虽然原告诉请都未获支持，但个中差异引起了承办人的关注。村委会对建房申请履行的张榜公布、签署意见、报送镇政府等行为是否属于行政诉讼受案范围呢？经检索北大法宝案例发现，不但本市对此问题存在不同裁判观点，其他省市亦存在同样的问题。对上述问题进行梳理与阐释，有利于明确一类争议。于是，承办人在审查法院案卷材料的基础上听取当事人意见，对涉案事实、诉讼情况等进行全面审查，查明了当事人家庭建房情况、另案诉镇政府情况等，为开展监督夯实基础。

二是加强法律研判，提升监督精准度。在案件办理过程中，承办人

---

* 张雪静，上海市人民检察院第一分院三级高级检察官。

检索了相关法律及司法解释、法规、规章等各效力位阶的规范，在法律依据充分的基础上对案件进行研判。首先以宅基地建房审批的行为性质为切入点，依据行政许可法对行政许可行为的定义并结合理论观点，将宅基地建房审批认定为行政许可。在此基础上，村委会对建房申请履行的张榜公布、签署意见、报送镇政府等是宅基地建房审批中不可或缺的一环，因此村委会上述职责同样具备行政履职属性，该行为应属于行政诉讼受案范围，村委会亦是行政诉讼适格被告。同时，村委会对建房申请履责行为导致行政许可审批流程事实上已终止的，系过程性行为发生终局性结果，从对建房申请人权益产生实质影响的角度论证村委会行为的可诉性。此外，承办人进行了相关案例检索，尽管在宅基地审批领域未查询到相关指导案例或典型案例，但在户籍管理领域查询到最高人民法院发布的典型案例。该案认为，村委会在户籍管理中承担行政协助义务，协助村民办理相关落户手续是村民委员会的法定职责。村委会怠于履行职责，对相对人的权利义务已造成实际影响的，属于行政诉讼受案范围。虽然典型案例涉及的行政管理领域与本案不同，但对本案的办理仍有借鉴价值。严谨的法律论证以及典型案例的引领作用，为精准监督提供专业支撑。

三是寻求有力支持，提升监督质效。本案办理过程中，承办人随部门负责人到同级法院行政庭、审监庭沟通，行政庭肯定了检察机关对本案进行监督在促进其辖区裁判观点统一方面的积极意义。承办人还跟随部门负责人到上级院汇报，上级院对我们的初步审查意见予以认可，并表示以"跟进监督"为本案再审检察建议提供坚实后盾。本案提出监督意见后，法院合议庭在复查过程中对本案是否提起再审有较大分歧，专家法官会议对此也意见不一。在列席法院审委会会议的过程中，受委托列席的副检察长阐述了法院同案不同判的情况和理由，有针对性地回应了村委会的被告资格认定问题，并提出保障钱某诉权以明确其实现诉讼目的正确途径的意见。最终审委会多数意见决定同意提起再审。经再审，法院裁定撤销原一、二审裁定，指令一审法院继续审理，充分保障了当事人的诉讼权利，实现双赢多赢共赢的办案效果。

习近平总书记指出，基层是社会和谐稳定的基础，让老百姓遇到问题能有个地方"找个说法"，切实把矛盾解决在萌芽状态、化解在基层。基层治理离不开村委会的协助。本案通过检察监督，为宅基地建房审批领域，厘清宅基地建房审批的行政许可属性，明确村委会的被告主体资格，确认影响实体权利的过程性行政行为具有可诉性。让建房申请人在权益受到村委会损害时能够以行政诉讼的方式寻求救济，由法院对建房申请人是否符合建房条件作实质性审查，有利于解决行政争议，维护农村和谐、农民安居。作为案件承办人，我也将以此为激励，继续加强学习和历练，用心办好每一件小案。

专家点评

精准监督彰显专业底色

——"钱某诉某村委会要求履行法定 职责检察监督案"评析

吕立秋*

一、案情梳理

（一）基本案情

2018 年，钱某曾向某镇政府提出建房申请，因其父已于 2015 年申请过房屋翻建，且其妻亦已拥有一处宅基地，钱某申请建房不符合一户一宅等相关政策规定，故某镇政府对其建房申请不予批准。针对某镇政府不履行建房审批的法定职责，钱某曾向上海某区法院起诉，一审法院认为建房申请应以合法有效的农村宅基地使用证或者建房批准文件计户，钱某不符合单独计户的条件，其妻子因已拥有一处宅基地也不符合分户条件。同时，钱某未经过《上海市农村村民住房建设管理办法》规定的张榜公布、村委会签署意见程序而直接要求某镇政府批准其建房申请，于法无据为由，判决驳回钱某诉讼请求。后钱某不服一审判决提起上诉，二审维持。

2020 年 5 月，钱某再次向其所在村村委会递交建房申请等材料，村委会于同年 5 月 13 日作出《情况说明》，告知其建房申请不符合相关规定。后钱某以村委会收到其建房申请材料后未张榜公布，也未将其材料报送上级镇政府为由，诉至上海某区法院，请求法院依法履行张榜公布建房申请、签署意见及向上级镇政府报送的法定职责。

（二）人民法院裁判要旨

本案中，一审法院认为，村委会是基层村民的群众性自治组织而并非

---

* 吕立秋，中华全国律师协会行政法与行政诉讼法专业委员会主任。

行政机关。《上海市农村村民住房建设管理办法》第 17 条涉及的村委会职能系集体经济组织内的审查程序，属于村民自治范围而并非行政管理行为。钱某的起诉不符合行政诉讼的起诉条件，故裁定驳回钱某起诉。钱某不服上述裁定提起上诉。

二审法院认为，村委会对村民申请建房行使的相关职能系集体经济组织内的审查程序，属于村民自治行为并非行政行为，不会对钱某的权利义务产生实际影响，不属于行政诉讼的受案范围。此外，某镇政府已对钱某2018 年的建房申请不予批准，现钱某再次向某村委会申请建房系重复申请，故维持一审裁定。

（三）检察监督情况梳理

钱某不服上述裁定，向上海市某检察分院申请监督。该院经审查认为，一审裁定确有错误，二审裁定违反法定诉讼程序，可能影响公正审判，遂向本案二审法院提出再审检察建议。主要理由如下。

关于原一审裁定：首先，某村委会虽并非行政机关，但其根据《上海市实施〈中华人民共和国土地管理法〉办法》和《上海市农村村民住房建设管理办法》的授权，履行张榜公布、签署意见、报送审批等职责，可以独立成为行政诉讼的被告；其次，某村委会对村民的建房申请实施的上述行为等系宅基地建房审批的必经阶段，属行政许可中的过程性行为，具有行政行为的管理和处分性特征；再次，某村委会行使的上述过程性行政行为发生了终局性结果，对钱某的权利义务产生实质影响，并且钱某无法通过对某镇政府提起行政诉讼的方式获得救济，故其起诉属于行政诉讼受案范围；最后，本案二审法院在另案中认为，村委会具有初步审查农户宅基地建房申请的法定职责，村委会根据《上海市农村村民住房建设管理办法》有关规定所作答复，系履行行政管理职责的行为，属于行政诉讼的受案范围。上述裁判口径与本案二审裁定结论存有矛盾。

关于原二审裁定：本案二审未开庭，未以询问或其他方式听取当事人意见，致使钱某未能就其起诉是否属于行政诉讼受案范围、某村委会有无履行法定职责等进行有效辩论，明显违反法律规定的诉讼程序，可能影响公正审判。

二审法院收到上述检察建议书后再审认为，村委会履行的张榜公布、签署意见、报送审批行为符合行政许可行为的特征。从《上海市农村村民住房建设管理办法》规定的农村宅基地建房申请工作流程来看，村委会上述行为是镇政府行使行政审批权的前置程序，将决定钱某是否能够继续办理建房申请报批手续，对其权利义务产生了实质影响，故村委会对村民建房申请行使有关职能系对当事人产生终局性结果的过程性行政行为，属于行政诉讼受案范围。据此，二审法院撤销原本案一、二审裁定，指令原一审法院继续审理。

二、案例评析

（一）本案专业判断精准

1. 本案将村委会的被诉行为纳入行政诉讼的受案范围具有充分的依据

首先，《行政诉讼法》第 2 条规定，公民、法人或者其他组织认为行政机关和行政机关工作人员的行政行为侵犯其合法权益，有权依照本法向人民法院提起诉讼。前款所称行政行为，包括法律、法规、规章授权的组织作出的行政行为。《村民委员会组织法》第 2 条规定，村民委员会是村民自我管理、自我教育、自我服务的基层群众性自治组织。最高人民法院《关于适用〈中华人民共和国行政诉讼法〉的解释》第 24 条第 1 款规定，"当事人对村民委员会或者居民委员会依据法律、法规、规章的授权履行行政管理职责的行为不服提起诉讼的，以村民委员会或者居民委员会为被告"。根据上述规定，认定村委会能否作为行政诉讼被告，需判定村委会是否实施了经法律法规规章授权履行行政管理职责的行为。村委会原则上不属于行政机关，但是如果村民委员会在法律、法规、规章的授权下作出的行为体现了行政权的意志，其本身已经构成国家行政活动的一部分，那么村委会行使的职能就可以归为履行行政管理职责的行政行为，从而具备以法律法规授权组织地位作为行政诉讼被告的可能。

其次，本案将村委会实施经法律法规规章授权履行行政管理职责的行为纳入行政诉讼受案范围亦具有充分的部门法依据。《上海市实施〈中华人民共和国土地管理法〉办法》（2018 年）第 36 条第 2 款规定，"农村村民申请住宅用地，应当经书面征求村民委员会或者村民小组意见，并由乡（镇）人民政府审核同意后，按照本办法建设用地的有关规定办理用地审批手续"。《上海市农村村民住房建设管理办法》第 17 条规定，"村民委员会接到农户建房申请后，应当在本村或者该户村民所在的村民小组，将农户成员人数、建房位置、宅基地和建筑占地面积、建筑方案等相关信息张榜公布，公布期限不少于 30 日。公布期间无异议的，村民委员会应当在申请表上签署意见后，连同建房申请人的书面申请报送镇（乡）人民政府；公布期间有异议的，村民委员会应当召集村民会议或者村民代表会议讨论决定"。由此可见，《上海市农村村民住房建设管理办法》第 17 条应视为对《上海市实施〈中华人民共和国土地管理法〉办法》有关宅基地建房审批流程的细化。《上海市实施〈中华人民共和国土地管理法〉办法》作为地方性法规，《上海市农村村民住房建设管理办法》作为地方政府规章，村委会实施的张榜公布、签署意见、报送审批等行为，系根据省级地方性法规规章授权、行使村集体内部初步审核的职能，故应作为被授权组织实施的行政行为纳入行政诉讼受案范围。

再次，本案原一、二审法院裁定的核心要旨在于村委会系基层群众性自治组织而非行政机关，依照行政法基本原理，被授权组织在实施经法律法规规章授权履行行政管理职责的行为时，具有与行政机关相同的法律地位。此种情形下，村委会与村民之间产生的权利义务关系明显有别于平等主体之间的民事法律关系，而系管理和被管理的行政管理关系。村委会依据法律法规规章授权对集体土地实行管理，实质上与行政机关行政管理职能的行政行为基本相同。村委会以自己名义行使法律法规规章授权职能的，需由其自身就行使的有关行为承担行政法律责任。被授权组织未行使法律法规规章授权职能的，不具有行政法上的行政主体地位。不同于一般意义上的村民自治事项，村委会履行法律法规规章授权职能系基于维护全体村民共同利益、社会公共利益和国家行政管理秩序进行的，在此过程中形成的管理关系一定程度上体现了全体村民共同利益与个体村民利益的博弈与让渡，体现了村委会"公共职能"的行使，其以实现其"公共职能"为直接目的实施的公共事务和公益事业管理行为理应视为行政行为。据此，本案将村委会实施经法律法规规章授权履行行政管理职责的行为纳入行政诉讼受案范围符合行政法基本理论。

最后，村委会的行政诉讼被告资格也有充分的实践基础。如北京市某区法院（2022）京 0112 行初 178 号判决书认为，"村民委员会不是一级政府机关，但可以协助乡、民族乡、镇的人民政府开展工作。在一定条件下，村民委员会承担部分行政管理职能。按照原国土资源部颁发的《关于加强农村宅基地管理的意见》的相关规定，由作为集体组织执行机构的村民委员会对村民的申请作出审批是整个用地审批程序中不可或缺的基本环节，村民委员会的审批意见直接影响到村民能否使用宅基地。因此，在本案中村委会可以作为行政诉讼被告，其行为应当纳入行政诉讼受案范围"。浙江省高级人民法院（2019）浙行再47号裁定书认为，"村民委员会虽不是行政机关，但其依照《浙江省实施〈中华人民共和国土地管理法〉办法》第三十六条第一款规定在农村村民住宅用地审批过程中作出的是否受理申请、出具是否通过意见等行为，可以认定系依据地方性法规授权履行行政管理职责的行为，故依法可以成为行政诉讼的被告"。天津市高级人民法院（2018）津行申175号裁定书认为，"村民委员会依据《中华人民共和国土地管理法》第十条等相关法规履行行政管理职责。另根据第九届全国人民代表大会常务委员会通过的《关于〈中华人民共和国刑法〉第九十三条第二款的解释》的规定，村民委员会在自治管理中，有些涉及到宅基地安置、救灾物资的发放等工作中属于'其他依照法律从事公务的人员'。村民委员会在从事这些工作中的行为属于法律法规授权的行政管理主体，是行政法上的'法律法规授权组织'，具有行政主体资格"。由此可见，村委会作为行政诉讼被告具备较为充分的司法实践依据。

2. 本案将村委会的审批定性为过程行为并以是否对相对人的权利义务产生影响作为判断是否纳入行政诉讼救济的标准符合审判实践

一般而言，可诉的行政行为需要具备成熟性、终结性。行政处理如尚未终结，过程性行政行为因其内容未最终确定，对行政相对人的权利义务并未产生实际影响，故而不具有可诉性。因此，对于行政程序中的过程性、阶段性行政行为，司法权不应过早介入进行司法审查。但是，如过程性行政行为在客观上已经具有终局性，对行政相对人的权利义务产生明显的实际影响，且无法通过提起针对相关的最终性行政行为的复议或诉讼获得救济，则具有可诉性，依法应纳入行政诉讼受案范围。

关于过程性行为的可诉性，最高人民法院《关于适用〈中华人民共和国行政诉讼法〉的解释》第1条第2款第6项明确规定，行政机关为作出行政行为而实施的准备、论证、研究、层报、咨询等过程性行为不属于行政诉讼受案范围。同时其他相关规定也能体现可诉的行政行为需要具备成熟性、终结性原则，如最高人民法院《关于审理行政许可案件若干问题的规定》第3条规定，"公民、法人或者其他组织仅就行政许可过程中的告知补正申请材料、听证等通知行为提起行政诉讼的，人民法院不予受理，但导致许可程序对上述主体事实上终止的除外"。最高人民法院《关于审理政府信息公开行政案件若干问题的规定》第2条第1项规定，"因申请内容不明确，行政机关要求申请人作出更改、补充且对申请人权利义务不产生实际影响的告知行为，公民、法人或者其他组织对该行为不服提起行政诉讼的，人民法院不予受理"。司法实践中，最高法指导性案例 69 号"王某诉乐山市人力资源和社会保障局工伤认定案"认为，"被告作出《中止通知》，属于工伤认定程序中的程序性行政行为，如果该行为不涉及终局性问题，对相对人的权利义务没有实质影响的，属于不成熟的行政行为，不具有可诉性，相对人提起行政诉讼的，不属于人民法院受案范围。但如果该程序性行政行为具有终局性，对相对人权利义务产生实质影响，并且无法通过提起针对相关的实体性行政行为的诉讼获得救济的，则属于可诉行政行为，相对人提起行政诉讼的，属于人民法院行政诉讼受案范围"。甘肃省高级人民法院（2020）甘行终 12 号裁定书认为，"行政机关在作出行政行为之前，一般要为作出行政行为而进行准备、论证、研究、层报、咨询等，这些行为尚不具备最终的、对外的法律效力，一般称为'过程行为'。过程性行为的效力通常为最终的行政行为所吸收和覆盖，当事人可以通过对最终行政行为的起诉获得救济。过程性行为，虽然有可能其外观完全符合可诉行政行为特征，但如果过程性行为所产生的效果涵盖在最终行为中，那么只需要对最终行为进行审查就能给予相对人提供司法救济保护其权益，无须再对过程性行为进行单独审查"。

具体到本案，最高人民法院《关于审理行政许可案件若干问题的规定》第 4 条亦明确，行政许可依法须经下级行政机关或者管理公共事务的组织初步审查并上报，当事人对不予初步审查或者不予上报不服提起诉讼的，以下级行政机关或者管理公共事务的组织为被告。同时，根据《上海市实施〈中华人民共和国土地管理法〉办法》《上海市农村村民住房建设管理办法》的有关规定，村委会具有对本村或者该户村民所在的村民小组将该户成员人数、建房位置、宅基地和建筑占地面积、建筑方案等相关信息进行张榜公布、签署意见、报送审批的行政性义务。上述程序虽为镇政府行使行政审批权的前置程序，但上述行为作为农村宅基地审批的必要环节，具有依行政相对人申请准许其从事特定活动的行政许可行为的典型特征。此外，上述行为虽系行政许可中的过程性行为，但本案考虑了如果缺乏某村委会履行上述程序，将会直接终止钱某申请宅基地建房的后续审批程序，并且考虑了钱某无法直接通过对某镇政府提起行政诉讼的方式获得救济的因素，从而认定系列行为对钱某获批宅基地建房的权利产生了实质影响，因此属于对钱某产生了终局性法律效果的过程性行政行为，具备可诉性。

（二）本案符合行政检察监督的谦抑原则

从整个法治体系来看，立法具有较强的前瞻性，执法相对而言具有保守性，它必须在法律框架内执行，必须合乎法无授权不可为的依法行政原则，司法权具备较强的谦抑属性。人民法院系统经过三十几年的行政诉讼审判实践中确立的一个重要原则之一就是司法谦抑，司法谦抑中又创立了尊重合法的行政惯例这样一些原则。行政检察监督同时要监督法院的行政司法，也要监督行政机关的行政执法。在行政检察监督中，检察机关不仅要发挥监督行政权依法有序运转的能动监督优势，也要为检察监督权力设定合理的边界，否则将混淆检察权与司法权、行政权的行使范围，考虑行政机关、人民法院的初次判断的标准是否成立。具体到本案，可以发现检察机关作出的再审检察建议书中载明，"我院同期受理的……上海市第一中级人民法院认为某村委会具有初步审查徐某深宅基地建房申请的法定职责……该判决表明法院认为某村委会根据《管理办法》第十七条第一款规定所作答复，系履行行政管理职责的行为，属于行政诉讼的受案范围"。由此可见，本案中检察机关结合现行法规定作出基本的技术研判后，又同时就同时期法院裁判做了类案检索，充分彰显了检察权的谨慎性，有效避免了法院同案不同判的情形，利于实现行政检察监督"求稳""精准""实用""规范"，进而发挥检察权对行政权的监督与纠偏功能。

（三）本案符合行政诉讼制度的发展方向

首先，村委会作为我国的基层群众自治组织，权力主要包括两部分：一是村民自治权，即管理本村事务（村务）的权力。二是有限的行政权，即根据法律、法规授权或政府委托而行使的有限行政管理权。因此，村委会的权力具有自治与行政管理的双重权力特征。除了担负着农村基层自治的职能外，其还承担着一部分国家行政管理的职能。传统司法中，村委会行使权力过程中产生的纠纷涉及基层乡村治理和集体所有制的保护，很多行为既不纳入民事诉讼救济范围，也不纳入行政诉讼救济范围，因此客观存在基层治理的困境。将村委会的行政管理职能纳入行政诉讼，可以充分实现行政诉讼针对相对人权利义务保护的救济功能。

其次，土地管理问题是中国历史上贯穿始终的问题，关系到国家和社会的长治久安。从土地管理法出发，以村委会在土地管理法项下的权力作为切入点，研究将村委会土地管理法的框架下行使的行为纳入行政诉讼审查范围，在整个国家治理体系中具有重要意义。在这层意义上，未来土地管理法领域村民委员会行为的救济具备逐步形成司法审判标准的重要价值。

（四）本案具备检察监督的敏锐度

本案中，上海市某检察分院受理钱某提出的监督申请后，实质审查案件争议焦点，回溯原审法院类案，精准发现本案涉及的实践难点、热点问题，包括村民委员会是否为行政诉讼适格被告、村民委员会对村民建房申请行使相关职能是否属于行政诉讼受案范围、过程性行为是否可诉等进行充分论证，及时指出一、二审裁定在事实认定、法律适用、诉讼程序等方面存在的问题，有利于纠偏不当的生效行政裁判，促进行政审判公平公正，实质化解行政争议，保障行政相对人合法权益；经过充分论证得出认定结论，得到法院等各方的认可，对相关领域中的行政检察监督工作具有较强的个案参考意义。

人大代表点评

在个案监督中发挥引领性作用

周燕芳*

村委会虽不是行政机关，但为基层政府开展治理提供了重要助力。民政部统计数据显示，2022年底我国村委会数量已达49万，而村委会涉行政诉讼的案件亦不鲜见。该案看似普通，却体现了引领性监督的价值。

从法治价值上看，检察机关敢于向分歧较大的争议挑战，对村委会在宅基地建房审批领域的行为性质、被告主体资格、可诉性问题予以梳理论证，为争议问题提供参考标准，通过个案监督促进裁判观点和法律适用的统一。

从社会意义上看，宅基地建房关系到农民安居、农村和谐，当老百姓的建房申请不被村委会受理或者被村委会拒绝，应当让其有适当的法律救济途径。如法院不对宅基地建房审批相关争议作实质性审查，老百姓只能通过投诉、举报、信访等方式主张权利，容易引起更多矛盾和怨气。同时，村委会作为建房审批的第一道流程的把关者，如果其行为不当就会使老百姓利益受损。该案认为应当将村委会对建房申请的履责行为纳入行政诉讼受案范围，有利于解决行政争议，维护和谐稳定，体现了检察机关为大局服务、为人民司法、为法治担当。

从办案效果上看，检察机关采用了再审检察建议的监督方式，由法院自行启动再审，体现了检法配合共治，实现了双赢多赢共赢的效果。

---

* 周燕芳，第十四届全国人大代表、太平洋医疗健康管理有限公司总经理。

4. 某村股份经济合作社诉某镇政府撤销行政协议检察监督案

【关键词】

行政协议　民行交织　行政争议实质性化解

【案例简介】

2007 年 12 月 30 日，某村与村民胡某签订《承包合同》，约定将村集体企业砖瓦厂的经营权承包给胡某。2017 年 10 月 10 日，县住建局发布《关停通知》，载明："……各烧结砖企业在 2017 年 11 月 30 日前拆除窑体、烟囱及设备的，每家企业奖励 350 万元……"同年 11 月 14 日，某镇政府未征求某村集体意见，与砖瓦厂、胡某签订《关停协议书》，约定补助砖瓦厂门窑损失 286 万元，对胡某奖励 350 万元。某村村民认为 350 万元的奖励款应归砖瓦厂所有，多次向县住建局信访反映。县住建局答复该 350 万元用于补偿经营者。2019 年 3 月 26 日，某村股份经济合作社（以下简称合作社）诉至法院，要求撤销《关停协议书》。法院一审认为，县住建局明确表示 350 万元用于补偿经营者，判决驳回诉讼请求。合作社上诉，二审撤销一审判决，并撤销《关停协议书》。判决生效后，合作社将部分奖励款发放给 1400 余名村民。胡某申请再审，再审撤销二审判决，维持一审判决。

合作社申请检察机关监督。浙江省检察院受理后经调查核实查明，案涉奖励款确系补偿给经营者胡某，再审判决并无不当，依法作出不支持监督申请决定。但某县住建局《关停通知》和此后出具的《信访意见书》，对 350 万元奖励款归属"经营者"并不明确，某镇政府未征询某村意见即与胡某签订关停协议，引发争议。本案涉及 1400 余名村民领取涉案奖励款执行返还问题，已经引起多次集体信访，处理不当将成为影响社会稳定的隐患。省市县三级检察院一体促进行政争议化解，将进入强制执行环节的涉案民事纠纷与案涉行政争议统筹考虑，推动和解。某县检察院牵头县法院、县公安局、某镇政府等多次会商，联合镇政府利用践行"枫桥经验"的"村民说事"等平台，推动某村召开村民代表大会，达成解决方案，持续 6 年的行政争议化解。针对发现的问题，某县检察院会同法院依法向县住建局、某镇政府制发司法建议、检察建议，防范同类问题再次发生。

【典型意义】

涉农村农民群体性行政争议，处理不当可能影响社会稳定，检察机关在查明案件事实、明晰法律关系、厘清是非责任的基础上，依托基层政府搭建的矛盾纠纷化解平台，积极回应当事人诉求，促进各方在法治框架内达成和解。同时，应当坚持依法能动履职的理念，将行政争议实质性化解与推动乡村振兴有机结合，以法治之力有效推动"千万工程"在新时代持续深化。

📝 **办案心得体会**

常怀"如我在诉"之心，践行"检察为民"之责

张飞忠　　赵苑池[*]

某村股份经济合作社诉某镇政府撤销行政协议检察监督案获评"2023年度十大行政检察典型案例"，这是对所有参与过案件办理人员的莫大鼓舞与激励鞭策，也是"高质效办好每一个案件"成为"检察为民"的生动诠释。回顾这起持续 6 年、困扰 1400 余名村民的行政争议案件，在办理过程中，我们有阻碍、有困难、有挑战，但庆幸我们有力度、有突破、有成效，在历经 408 天的抽丝剥茧后，该案件被有效化解。现将办案中的几点体会与大家分享。

一、探源溯流寻症结，聚焦问题强调查、谋良方

本案行政诉讼历经了一审、二审和再审，民事与行政法律关系复杂交织。在对案件进行深入分析后我们发现，争议的焦点在于 350 万元奖励款的补偿对象究竟是砖瓦厂还是承包者胡某。进一步审查卷宗材料后，我们深入开展走访调查，对某村书记、镇政府、县住建局等相关人员进行询问，调取涉案的有关文件，查明涉案奖励款应系补偿给承包者胡某，因此再审判决并无不当。

但该案涉及 1400 余名村民领取涉案奖励款执行返回问题，且已多次集体信访，案件办理正值杭州亚运会筹备、举办期间，处理不当将成为集体性矛盾风险隐患。为稳妥化解本案争议，我们多次入村探明争议，发现该案的症结主要在于：一是县住建局发布的《关停通知》和此后出具的《信访意见书》，对 350 万元款项的性质及补偿对象表述存在差异，村民提出异议。二是镇政府在村股份经济合作社未参与的情况下，仅与砖瓦厂及

---

  * 张飞忠，浙江省宁海县人民检察院党组书记、检察长，三级高级检察官；赵苑池，浙江省宁海县人民检察院第五检察部副主任，三级检察官。

其承包经营者订立《关停协议书》，确定经济补偿归属等事项，致使争议发生。

二、咬定青山不放松，联动出击聚合力、破难题

进入检察环节的行政争议，大多数都是经过了行政诉讼没有化解的争议。这些多年诉讼、长期申诉的案件，本就是难啃的"硬骨头"。而本案法律关系复杂、矛盾持续多年、涉及利益人数众多，且法院判决结果反复多次，如何在法律程序和适用法律都没问题的基础上，彻底解决老百姓的"心结"，这是困扰我们办案许久的"心头刺"。在省检察院作出不支持监督申请决定后，鉴于涉案民事纠纷已进入强制执行环节，民事执行和解被作为案涉民事行政争议化解的切入点。

为精准把握诉求冲突的焦点、实现高质效法律监督，省市县检察院一体化开展行政争议化解工作。一是统筹谋划，形成上下协同效应。省市县三级检察院各自发挥优势，以省检察院为主导制定前期化解方案，在市检察院指导下成立专门办案组，由县检察院检察长包案办理，并第一时间向县委政法委报告行政争议实质性化解的阻力及困难，推动将该案件纳入全县平安维稳"一本账"管理清单。二是释法说理，强化普法叠加效应。市县两级检察院行政检察部门负责人深入某村，针对已发放的部分奖励款执行返还困境及因发放款项不均引发的村民矛盾等实际情况，对村民现场释法说理，消除村民内心疑虑；并主动与县法院执行部门对接协商，与胡某积极沟通，了解到胡某也有民事执行和解意愿。三是配合协作，激活多部门融合效应。牵头县法院、县公安局、镇政府等多次开展工作会商，研究争议化解方案。检察长带领办案组，依托基层政府搭建的"村民说事""夜访夜话"等平台，持续做村民思想工作，最终村民代表大会顺利召开，通过了民事执行和解方案。同时，村股份经济合作社就涉案行政纠纷承诺息诉息访。

三、持续发力添动力，诉源治理有成果、见实效

"穿透式"行政检察监督必须要做到穿透表层，直达内核。通过本案办理，我们深挖案件背后的问题及矛盾根源，聚焦农村经济发展，为乡村振兴蓄力赋能。一是强化以案促治。该案矛盾历时长久，砖瓦厂地块改造提升工程项目一拖再拖，村集体经济备受影响。为此，我们会同法院依法向县住建局、镇政府制发司法建议、检察建议，督促被监督部门认真自查，积极整改纠错，防范同类问题再次发生。二是破解致困真相。我们积极与县自然资源规划局、县住建局和镇政府沟通衔接，协调建设用地复垦补助资金及时到位，助推停缓的砖瓦厂地块改造提升工程项目重启，标准厂房建成后，预计村集体收入每年可增加 60 万元。三是护航乡村振兴。我们立足职能优势，积极扛起服务乡村振兴战略的政治责任和检察责任，依托"检察在身边"法治服务平台，选派检察骨干赴某村担任驻村检察员，持续开展检察建议跟踪督促、矛盾纠纷排查化解、普法宣传等工作，以法治之力有效推动"千万工程"走深走实。

专家点评

检察机关促进行政争议实质性化解的典范
——"某村股份经济合作社诉某镇政府撤销行政协议检察监督案"评析

章志远[*]

发生在浙江省宁波市的"某村股份经济合作社诉某镇政府撤销行政协议检察监督案",是近年来全国检察机关开展行政争议实质性化解工作中涌现出的又一典范,集中体现了行政争议实质性化解场域的代表性、方式的科学性和效果的综合性。

一、行政争议实质性化解场域的代表性

尽管行政争议实质性化解已经从纯粹的司法话语上升为新兴的政法话语,但并非每一个行政争议都要刻意地去追求实质性化解。本案之所以能够被评选为年度十大行政检察典型案例,首先在于案件本身所具有的代表性,符合如下三个基本特征。

第一,法律关系的复杂性。这类案件大多表现为行政争议和民事纠纷的交织,在表面化的行政争议背后存在着高度关联的民事争议,有的还潜藏着其他可能发生的争议。人民法院在审理这类行政案件时,如果就案论案浮在表面进行"依法"处理,就可能引发更多循环诉讼,不仅增加当事人诉累,而且还会无端耗费国家的司法和行政资源。本案就是典型的"行民交织案件",既有作为典型行政协议的企业关停协议书,也有对协议书关键性条款的理解分歧,同时还涉及相关奖励款返还的民事争议。对于这样行政争议与民事纠纷相互缠绕的复杂案件,人民法院就必须秉承实质性化解的基本理念,用心用情一揽子处理好。如果前端没有处理到位,检察

---

* 章志远,华东政法大学纪检监察学院常务副院长、教授。

机关基于法律监督者的宪制角色，就应当主动担当进行检察监督，促进行政争议最终得到实质性化解。

第二，利益分布的多元性。这类案件的行政争议大多因城市房屋征收、农村土地征用、重大专项行动推进等引发，往往牵涉众多立场对立的利害关系人，容易形成涉众型行政诉讼。在本案中，围绕砖瓦厂关停协议奖励条款的具体发放问题，就涉及某村 1400 余名村民、某村股份经济合作社、某砖瓦厂、砖瓦厂实际经营权人胡某等不同利益主体之间的切身利益，需要人民法院妥善加以处理。

第三，程序延展的交错性。这类案件往往年代久远，各种法律程序交织在一起，甚至不同法律程序运行的结果之间还相互冲突，进一步增加了案件争议化解的难度。本案就属于程序延展交错性的典型。一方面，行政案件历经一审、二审和再审程序，二审撤销一审判决、撤销关停协议书，某镇政府将部分奖励款发放给某村支持提起诉讼的 1400 余名村民；再审又判决撤销二审判决、维持一审判决。另一方面，要求支付关停奖励款的民事诉讼也历经一审、二审和再审程序，最终法院根据行政再审判决作出要求返还奖励款的民事再审判决，并进入申请法院强制执行民事生效判决的程序。此外，本案进入行政诉讼程序之前，某村村民已经多次向某县住建局提出信访请求，某县住建局作出过信访事项处理意见书；因行政争议和民事纠纷长期未予化解，一旦法院强制执行就会造成新一轮集体访。这种不同法律程序的延展相互交错形成"死结"，加大了社会矛盾妥善化解的难度。

二、行政争议实质性化解方式的科学性

行政争议实质性化解需要动用各种社会资源，只有采取各种灵活手段，才能起到对症下药的实际效果。为促进检察机关有效开展行政争议实质性化解工作，《人民检察院行政诉讼监督规则》第 5 条规定"加强智慧借助""专家咨询或专家论证"，第 6 条规定"综合运用监督纠正、公开听证、释法说理、司法救助等手段"。在当下的行政检察监督实践中，上下级人民检察院之间的联动和体制内外多主体在行政争议实质性化解平台上的沟通互动，构成了行政争议实质性化解的"检察智慧"。在本案中，检察机关就充分发挥了自身体制优势，综合运用多种方式，取得了实质性化解行政争议的效果。这些科学的方式进路，集中体现在如下三个方面。

第一，作为整体的人民检察院，进入行政诉讼检察监督程序的案件，大多经历过漫长的一审、二审甚至再审程序，案件本身的复杂程度和协调化解难度，决定了检察机关必须充分发挥自身固有的体制优势。在我国，检察机关上下级之间是一种领导与被领导关系，能够形成一体化的行政检察监督工作格局。《人民检察院行政诉讼监督规则》第10条不仅明确了最高人民检察院对地方各级人民检察院行政诉讼监督工作、上级人民检察院对下级人民检察院行政诉讼监督工作的"领导"地位，而且还赋予上级人民检察院"依法统一调用辖区检察人员"办理行政诉讼监督工作的权力，为助力行政争议实质性化解提供了"整体检察院"的组织保障。在本案中，浙江省人民检察院经过审查后决定开展省市县三级院一体化联动行政争议化解工作，三级检察院各自发挥优势，由省检察院制定化解方案，某县检察院检察长包案办理，在市检察院指导下成立专门办案组。正是在这样一种"有组织的监督"氛围下，才能够彰显检察机关的体制优势。

第二，充分有效的多主体互动。人民检察院在行政检察监督办案实践中，需要全面调配全社会行政争议化解资源，搭建起多主体之间充分互动的沟通化解平台。在这一过程中，检法合作、检行互动、社会协同都是推动行政争议实质性化解的重要桥梁和纽带。本案中，县检察院牵头县法院、县公安局、某镇政府等多次开展工作会商，研究争议化解方案；市县两级检察机关主动与法院执行部门做好对接，法院、检察院共同与胡某沟通；某县检察长带领办案组，联合镇政府利用践行枫桥经验的"村民说事""夜访夜话"等平台，持续做村民思想工作，最终促成村民代表大会顺利召开。正是检察院与法院、行政机关、村委会、村民之间行之有效的互动沟通，才为案涉行政争议和民事纠纷的一揽子化解提供了组织保障。

第三，灵活多样的检察建议。行政检察监督权直接来自《行政诉讼法》第11条"人民检察院有权对行政诉讼实行法律监督"的明确授权，其基本方式则是第93条所规定的"抗诉"和"检察建议"。前者属于刚性手段，后者属于柔性手段。《人民检察院检察建议工作规定》第5条列举了"再审检察建议""纠正违法检察建议""公益诉讼检察建议""社会治理检察建议""其他检察建议"等五类检察建议，《中共中央关于加强新时代检察机关法律监督工作的意见》要求检察机关"在履行法律监督职责中发现行政机关违法行使职权或者不行使职权的，可以依照法律规定制发检察建议等督促其纠正"。在当下的行政检察实践中，检察建议已经实现

"对审判权的监督""对个案中行政行为的监督""从依法监督到依法在监督中化解社会矛盾""从个案纠偏到发现类案疏漏"的全覆盖，充分发挥了"以柔克刚"的监督纠正效果。本案办理过程中，检察机关发现行政主管部门、镇政府存在工作程序不规范、做群众工作方式方法单一、协同乏力等问题，既影响政府公信力，又易引发矛盾风险，影响社会稳定。为此，某县检察院会同法院依法向县住建局、某镇政府制发司法建议、检察建议，防范同类问题再次发生。同时，某县检察院还积极与县自然资源规划局、某镇政府沟通衔接，协调建设用地复垦补助资金及时到位，助推停缓的地块改造提升工程项目重启，加快乡村振兴进程。这种经由检察建议实现以案促改、以案促治的做法，是中国特色行政检察制度优势转化为治理效能的充分体现。

三、行政争议实质性化解效果的综合性

行政争议实质性解决，一般是指人民法院在审查行政行为合法性基础上，围绕行政争议产生的基础事实和行政相对人起诉的真实意图，通过依法裁判和协调化解相结合并辅以其他审判机制的灵活运用，对案涉争议进行整体性、彻底性的一揽式解决，实现对公民、法人和其他组织正当诉求的切实有效保护。与表面化的行政争议化解相比，行政争议实质性化解追求的是政治效果、法律效果和社会效果的统一，体现出形式法治与实质法治、法律属性与政治属性之间的辩证统一关系。行政检察和行政审判工作一样，既是政治性极强的法治工作，同时也是法治性极强的政治工作，只有融通法治思维和政治思维才能实现办案效果的综合化。就本案而言，持续 6 年之久、涉及 1400 余名村民和企业经营者以及村集体利益的行政争议最终能够彻底解决，无疑是政治效果、法律效果、社会效果相统一的典范。

第一，阻断程序空转的政治效果。行政审判和行政检察事业都是政治属性强的工作，必须自觉提高政治站位，坚持党的领导，坚持为大局服务。新时代新征程，改革发展稳定任务繁重，依法化解矛盾、维护社会稳定是各级党委、政府和政法机关肩负的神圣职责。行政争议如果久拖不决，甚至还与其他争议相互缠绕陷入无解境地，程序空转的后果就不仅是影响党委、政府的执法形象，而且还会冲击社会稳定。本案中的行政争议已经引起多次集体信访，案件办理又正值杭州亚运会筹备、举办期间，如果处理不当将成为影响社会稳定的重大隐患。同时，涉案民事纠纷已进入

强制执行环节，必须避免因民事、行政案件机械处理可能引发群体性不稳定事件。检察机关坚持和发扬新时代"枫桥经验"，将行政争议实质性化解贯穿办案全过程，紧紧依靠当地党委支持，通过行之有效的检法互动、检行互动和社会参与，使这起涉群体性行政争议最终得到妥善处理，起到了及时阻断程序空转、维护社会大局稳定的政治效果。

第二，坚守法治底线的法律效果。2014年修订的《行政诉讼法》第1条删除"维护"，仅保留规定"监督"行政机关依法行使职权，重申了行政审判作为"人民监督政府"制度载体的历史使命。身处行政国家时代，行政任务和行政方式日渐复杂多样，行政争议类型大量增加，行政诉讼程序不断优化，但作为我国行政诉讼特有原则的"行政行为合法性审查"却始终是人民法院应当遵循的底线。人民法院在行政审判过程中只有恪守监督依法行政底线、坚持审查行政行为合法性为前提，才能够产生应有的法律效果。同样地，检察机关在启动法律监督程序、推动行政争议实质性化解过程中，也必须遵循这一法治规律。本案中，检察机关的监督坚持了底线思维，认定行政再审判决并无不当，关停协议书约定的奖励对象应当是企业实际经营者胡某。同时，检察机关通过本案办理，发现行政主管部门、镇政府存在工作不规范现象，专门发送检察建议防范同类问题再次发生，起到了监督和支持行政机关依法行政的良好法律效果。

第三，彰显民生关怀的社会效果。行政审判制度承载着厚重的人权保障理想，依法保护行政相对人合法权益始终是行政审判活动的首要任务。同样地，行政检察工作也应当践行"为民检察"的基本宗旨，不断拓展人民权益保障的广度、深度和温度，努力让人民群众在每一个司法案件中感受到公平正义。本案中，检察机关对生效裁判并无不当的行政再审案件没有简单地作出不支持监督申请决定结案了事，而是重点关注、解决当事人表面诉求背后的问题和矛盾，在法律范围内帮助解决行政相对人的合理诉求，引导行政相对人放弃没有法律依据、不合理的诉求，促成当事人之间达成共识，最终实现案结事了政和。除解决关停协议约定的奖励款问题之外，检察机关在办案过程中着眼长远、坚持能动履职，将行政争议实质性化解与推动乡村振兴有机结合，有效推动因行政争议而停缓的农村改造提升工程项目重新启动，对改善民生、发展民生起到了很好的助力作用，彰显了人民检察院以人民为中心的行政检察理念。

人大代表点评

以法治之力推动"千万工程"

钱海军[*]

　　本案的成功办理是浙江宁波检察机关落实最高检高质效办好每一个案件的生动实践，既是新时代枫桥经验在检察办案中的具体体现，也充分彰显了"为大局服务、为人民司法、为法治担当"的检察担当。本案中，检察机关首先秉持依法办案的原则，充分运用调查核实权，查清事实、分清是非，在坚持依法办案的同时，又积极践行能动司法的理念，将行政争议化解贯穿办案全过程，努力变"结案了事"为"案结事了政和"。同时，本案办理还有一个鲜明的特点，检察机关在履行法律监督职责中主动扛起服务乡村振兴战略的政治责任，将检察办案与推动乡村振兴有机结合，以法治之力有效推动"千万工程"在新时代持续深化，与中央一号文件精神高度契合，实现了政治效果、法律效果、社会效果的有机统一。

---

　　[*] 钱海军，第十四届全国人大代表、浙江省慈溪市供电有限公司客户服务中心社区服务经理。

5. 某公司诉某县人社局支付保险待遇检察监督案

【关键词】

抗诉改判　工伤保险待遇　跟进监督　诉源治理

【案例简介】

2018 年 4 月，某建筑安装工程有限责任公司（以下简称建安公司）承建某房地产项目。5 月 2 日，该公司按项目在某县人社局参加工伤保险，提交了农民工花名册，钟某不在其列。同年 10 月 3 日，钟某在该项目工作时不慎受伤。2019 年 11 月 4 日，某县人社局认定钟某遭受的伤害系工伤；后经鉴定，钟某劳动功能障碍程度为一级，生活完全不能自理。2020 年 8 月 11 日，建安公司申请县人社局支付钟某的工伤保险待遇，县人社局以钟某不在备案的农民工名册为由作出《告知书》，拒绝支付相应工伤保险待遇。建安公司不服，于 2020 年 11 月 3 日起诉至某县法院，诉请撤销《告知书》，向钟某核发工伤保险待遇。一审法院驳回建安公司诉讼请求。建安公司提起上诉，申请再审，均未获支持。建安公司向检察机关申请监督。某市检察院提出抗诉后，再审维持原判。安徽省检察院跟进监督。

安徽省检察院认为，参保人员备案登记仅是一项管理措施，不属于支付工伤保险待遇的条件。用人单位未及时进行参保人员备案的，不应影响工伤职工从社会保障部门获得工伤保险待遇。原审判决适用法律错误，遂依法提出抗诉。安徽省高级法院提审本案，采纳抗诉意见，撤销原审判决，支持建安公司诉请。

通过类案检索发现，安徽省人社部门因参保人员未备案登记拒绝支付工伤保险待遇已引发多起诉讼，省检察院先后对 3 起同类型案件提出抗诉。为促进诉源治理，省检察院牵头与省高级法院、省人社厅专题会商，促成省人社厅出台《工伤保险政策经办口径》，明确项目参保未实名登记的，应由单位为其补办登记手续后，再由工伤保险基金按规定支付工伤保险待遇。目前该问题已在全省范围内解决，省检察院抗诉的另两起案件均和解撤诉，3 起案涉工伤保险金已全部给付到位。

【典型意义】

按照项目方式参加工伤保险主要是针对建筑行业中流动性大、不能按用人单位参保的农民工提供的一种工伤保险。参保人员备案登记仅是一项管理措施，不属于支付工伤保险待遇的条件。用人单位未及时进行参保人员备案的，不应影响工伤职工从社会保障部门获得工伤保险待遇。检察机关通过精准抗诉、跟进监督，开展类案监督，促成行政机关出台政策文件，建立长效机制，从根源上解决问题，减少企业用工成本、保护劳动者合法权益，实现了"办理一案、治理一片"的良好效果。

📝 办案心得体会

用心用情办"小案" 尽职尽责显担当

刘 胜 郑 青*

工伤保险类案件关系到劳动者的切身利益，劳动者在因工受到伤害时能够得到有效救济，是减少纠纷，建立和谐稳定的用工关系、维持正常生产和社会秩序，减少劳动事故发生的有力保障。承办人在办理这起支付工伤保险待遇纠纷"小案"时，坚持人民至上理念，依法能动履职，发挥上下级院一体化办案优势，充分调查核实，通过释法说理、公开听证等方式推进行政争议实质性化解，传递司法温度，彰显检察担当。现将办案过程中的几点心得体会与诸君共勉。

一、充分开展调查核实，认真贯彻精准监督办案理念

用足用好调查核实权，是检察机关查明案件事实、正确适用法律的基础和保障。通过不断完善调查核实机制，强化上下一体、内外联动式协作配合，检察机关进一步提升了自身的监督效能和服务水平，使得行政检察监督工作更加科学化、规范化、精细化，有效回应了社会公众对公正高效行政检察监督的新期待。安徽省某市人民检察院受理本案后，承办人调取法院卷宗，走访用人单位，一方面查找法律相关规定，另一方面前往人社部门进行核实，查明当事人钟某是在案涉工程施工中受伤，经鉴定其劳动能力障碍程度为一级，生活完全不能自理，并且某建安公司也按时缴纳了保费，法院判决县人社局不予支付工伤保险待遇行为合法显然有失公正。为确保劳动者合法权益不受侵害，检察机关迅速开展监督工作。

---

* 刘胜，安徽省铜陵市人民检察院第四检察部主任、四级高级检察官；郑青，安徽省人民检察院第七检察部检察官助理。

二、深入理解立法目的，有力保障法律统一正确实施

钟某的个人信息未录入建筑项目参保动态实名制管理平台是否必然导致县人社局不必支付工伤保险待遇？这是本案的争议焦点，也是化解纠纷的关键所在。承办人查阅了大量法律法规及司法解释，从立法本意出发，经审查认为，《建筑业按项目参加工伤保险经办规程（试行）》第 13 条、第 14 条等相关规定仅是一种管理性规定，并非效力性规定，目的是对用人单位参加工伤保险情况进行管理，及时将施工人员增减变化情况登记造册，对全部施工人员实行动态实名制管理，并报送经办机构备案，作为发生工伤事故时工伤认定的依据，防止工伤保险基金不当流失。上述规范性文件的要求不能认定为是向工伤保险经办机构申请支付工伤保险待遇的前提条件，亦不能成为拒绝支付工伤保险待遇的正当理由，更不能否定劳动者从社保基金中享有工伤保险待遇的权利。

由于建筑业人员流动的特殊性，对项目人员的流动备案登记，仅系参保人员的变更，并不影响工伤保险法律关系的效力。案涉工伤保险系某建安公司以项目名义参保，并按规定缴纳了保费，工伤保险法律关系已经成立并生效，在保险生效期间内该项目劳动者发生的工伤，应由工伤保险基金支付工伤保险待遇，工伤保险条例也没有对支付工伤保险待遇作出相应的条件限制。不能因为用人单位未及时向人社部门提交施工人员信息而剥夺劳动者应该获得的工伤保险待遇，这与社会保险法的宗旨相悖，损害了劳动者的合法权益，劳动者不应成为用人单位未履行义务而导致的不利后果的承担者。

三、坚持依法能动履职，多元推进行政争议实质性化解

本案最初由安徽省某县人民检察院提请市检察院抗诉，某市人民检察院初次监督后法院再审维持原判。由于双方当事人对工伤保险待遇是否应当支付存在较大争议，承办人针对此案召开公开听证会，邀请了三名人民监督员作为听证员参加。在评议会上，三名听证员一致认为本案存在监督必要性。公开听证会的召开，促使县人社局进一步认识到其工作中存在的问题及不足，并明确在今后工作中要加强宣传，深入学习相关政策，确保各项措施落实到位、责任到人。经过细致复盘、再次审查、研究讨论，某市人民检察院依然坚持抗诉意见，遂依职权启动跟进监督程序，提请安徽

省人民检察院抗诉。安徽省高级人民法院最终采纳抗诉意见，撤销原审判决，支持某建安公司诉请。至此，劳动者顺利获得应当享有的工伤保险待遇，这起案件也圆满画上了句号。

跟进监督作为实现行政检察精准监督的重要手段，要求检察机关在办理案件过程中，从审判程序到执行程序各个阶段都持续发挥监督作用，确保整个司法过程合法、公正、透明。即使面对法院未予改判的情况，只要仍然存在明显错误和违法情形，也应积极履行职责。通过深入调查核实、充分运用法律赋予的各项权力，确保法律正确实施，维护当事人的合法权益和社会公共利益。检察机关敢于并坚持再次抗诉，既是对法治精神的坚守，也是对司法尊严和社会公正的有力捍卫。充分体现了人民检察院作为国家法律监督机关，严格遵守以事实为依据，以法律为准绳的原则，不畏艰难，勇于担当，坚决纠正存在的司法不公问题的决心和行动力。此外，检察机关通过公开听证的方式进行释法说理和矛盾化解，在行政机关与行政相对人之间架起了互相沟通与信任的桥梁，增强了检察机关与各行政单位之间的支持与协作，实现了办案效果的双赢多赢共赢。

四、秉持人民至上理念，深刻把握新时代行政检察职能定位

在新时代背景下，行政检察职能定位应当以深化法律监督为核心，以保障公民权益为宗旨，以促进公正司法和社会稳定为目标，以参与社会治理创新为延伸，充分发挥其在推进全面依法治国进程中的独特作用，为实现国家治理体系和治理能力现代化贡献力量。在办理本案过程中，承办人坚持以人民为中心的价值取向，始终把人民群众的诉求放在心上，把人民群众的利益扛在肩上。站在为劳动者办实事、解难题的角度，强化权利救济，将天理、国法、人情融为一体，先后采取依法抗诉、跟进监督措施，成功化解争议，实现案结事了人和，有效维护劳动者的合法权益。同时，通过行使法律监督权，检察机关纠正了县人社局不履行给付工伤保险待遇法定职责的问题，督促人社部门依法行政，帮助其更好地服务于广大劳动者和社会公众，做好社会保障工作。

五、促进堵漏建制，强化诉源治理

习近平总书记指出，法治建设既要抓末端、治已病，更要抓前端、治未病。党的二十大报告强调，"推进多层次多领域依法治理，提升社会治理法治化水平""健全共建共治共享的社会治理制度,提升社会治理效能"。本案中,承办人发现本案按项目参保中未动态备案农民工能否享受工伤保险待遇实践中争议较大,承办人没有就案办案,而是在办案中坚持依法能动履职,关注案件背后的"症结",深入剖析行政机关在行政管理方面是否存在普遍性、倾向性问题,促进诉源治理。对此,承办人开展了类案检索,安徽省人社部门因参保人员未备案登记拒绝支付工伤保险待遇已引发多起诉讼,安徽省检察院先后对 3 起同类型案件提出抗诉。为促进诉源治理,承办人及时向分管检察长汇报,由省检察院牵头与省法院、省人社厅专题会商,促成省人社厅出台《工伤保险政策经办口径》,明确项目参保未实名登记的,应由单位为其补办登记手续后,再由工伤保险基金按规定支付工伤保险待遇。目前该问题已在全省范围内解决,省检察院抗诉的另两起案件均和解撤诉,3 起案涉工伤保险金已全部给付到位。本案充分凸显了行政检察"一手托两家"在提升国家治理现代化水平、提升社会治理效能的重要功能。行政检察依法能动履职,更加自觉从具体个案中"见微知著",发现并推动解决项目投保中工伤保险待遇给付问题,促进堵漏建制、系统治理,实现办理一案、治理一片、惠及一方的良好效果。

回顾此次办案经历,承办人深感人民至上不是一句空洞的口号,而是应当落实在每一起具体案件中,行政检察监督不仅要解决个案问题,更要通过发挥法律监督职能,推动社会治理体系的不断完善,助力法治政府建设,为人民群众营造一个公平公正、和谐有序的社会环境。总的来说,这是一次对承办人专业素养、职业精神以及司法为民理念的深度检验和生动实践。在未来的工作中,安徽检察机关行政检察人将继续坚守初心使命,秉持公正司法观念,用实际行动诠释新时代检察官的责任与担当,努力让人民群众在每一个司法案件中感受到公平正义。

专家点评

让人民群众在行政检察韧性监督中有实实在在获得感

程　琥[*]

在安徽省某市检察院和省院办理某建安公司诉某县人社局支付保险待遇检察监督案中，通过三级检察院接力抗诉监督，最终促使再审案件获得安徽省高级人民法院改判，这充分彰显了行政检察韧性监督化解重大疑难案件的重要作用。为适应新时代人民群众新需求、新期盼，有必要持续深化行政检察韧性监督功能，努力让人民群众在每一起行政检察监督案件中有实实在在获得感。

一、充分认识加强行政检察韧性监督的重要意义

党的二十大报告强调："必须更好发挥法治固根本、稳预期、利长远的保障作用，在法治轨道上全面建设社会主义现代化国家。"行政检察监督是宪法和法律赋予人民检察院对行政执法和行政审判执行活动进行法律监督的重要职责。行政检察监督是检察机关法律监督职能的重要组成部分，既包括对行政诉讼活动监督，又包括对行政执法活动监督。其中，行政诉讼监督是行政检察监督的核心，主要包括对生效行政裁判监督、审判人员违法行为监督、执行活动监督三项业务。随着行政检察监督范围越来越广、程度越来越深、力度越来越大，行政检察监督遇到的难题和挑战越来越多，对加强行政检察韧性监督提出新的更高要求，必然要求行政检察监督更有韧性和耐力，能够经得起各种风险和挑战的检验。

一是加强行政检察韧性监督是全面建设社会主义现代化国家的必然要求。习近平总书记指出，一个现代化国家必然是法治国家。因此，全面建设社会主义现代化国家必然要加强法治建设，更好发挥法治保障作用。全面建设社会主义现代化国家是一个全新事业，充分发挥法治保障作用将面

---

[*] 程琥，北京市第一中级人民法院副院长。

临全新课题。在全面建设社会主义现代化国家中，充分发挥行政检察监督重要作用是题中应有之义，也会遇到一些新的疑难问题，必然要求行政检察监督更有韧性，才能更好适应党和国家事业发展的需要，以行政检察现代化服务中国式现代化。

二是加强行政检察韧性监督是维护社会公平正义的必然要求。公平正义是全面依法治国的本质要求，是法治的生命线。必须牢牢把握社会公平正义这一法治价值追求，努力让人民群众在每一项法律制度、每一个执法决定、每一宗司法案件中都感受到公平正义。随着我国经济社会不断发展，民主法治建设不断推进，人民群众的公平意识、民主意识、权利意识不断增强，对公平正义的要求越来越迫切。加强行政检察韧性监督有助于强化对行政权力的制约和监督，有助于充分发挥行政复议化解行政争议的主渠道作用，有助于人民法院依法履行行政审判职责，从而推动全社会实现公平正义。

三是加强行政检察韧性监督是保障人民权益的必然要求。人民是国家的主人，国家的一切权力属于人民。行政诉讼监督是行政检察监督的核心，这项工作搞得好不好，直接关系到人民权益的保障程度。随着改革进入攻坚期和深水区、发展处于关键时期，各种原因引发的社会矛盾和利益冲突也不断增多，涉及行政公权力与公民私权利之间的矛盾与争议，相当一部分反映到行政复议、行政诉讼和行政检察监督中来，不仅数量逐年增多，而且复杂性、敏感性增强。人民检察院通过加强行政检察韧性监督，有利于依法维护和实现人民权益，最大限度地减少社会不和谐、不安定因素，有效发挥社会稳定"减压阀""化解器"的作用。

二、准确把握行政检察韧性监督的基本内涵

行政诉讼监督是法律赋予人民检察院的监督职责。《行政诉讼法》第93条是关于人民检察院对生效判决、裁定、调解书提出抗诉或者检察建议的规定。这是在借鉴民事诉讼法相关规定的基础上，对原第64条作出了重大修改，不仅细化了抗诉的条件和程序，扩大了抗诉的范围，而且增加了再审检察建议和其他检察建议。安徽省某市检察院和省院办理某建安公司诉某县人社局支付保险待遇检察监督案，是依照该条规定履行行政检察监督职责的具体实践，也突出反映了行政检察韧性监督的重要作用。当前有必要准确把握行政检察韧性监督的内涵特征和基本要求，明确发展目标，找准突破重点，走出一条中国特色行政检察之路。

一是突出行政检察监督的适应性。这是行政检察韧性监督的重要基础。行政检察与刑事检察、民事检察、公益诉讼检察共同构成"四大检察"，做实行政检察要坚持以办案为中心，在办案中监督、监督中办案，通过办理一件件实实在在的案件，有效监督行政执法和行政诉讼活动。应当注意到，行政执法领域非常广泛，行政执法专业性极强，行政执法变动性突出，而行政诉讼活动也是专业性极强的领域，新情况新问题时常出现，行政检察能否有效发挥好监督作用，关键在于行政检察监督能否主动适应行政执法和行政诉讼活动提出的新挑战和新要求。事实证明，在行政执法、行政复议、行政诉讼、行政检察等多种制度安排中，行政检察监督能够适应形势发展，就必然能够成长壮大；反之，无法适应形势发展，行政检察监督就自然难以发展起来。近年来，在最高人民检察院推动下，通过每年向社会公开发布典型案例等一些务实举措，行政检察监督工作取得了长足发展和进步。在某建安公司诉某县人社局支付保险待遇检察监督案中，案件的焦点问题之一是按项目参加工伤人员的工伤保险待遇规定的理解和适用问题。与前几年行政检察监督案件案情较为简单、争议焦点并不复杂、案件处理较为容易相比，这起案件则涉及更为复杂专业的法律适用问题。从安徽省三级检察机关办理该案过程看，充分显示了行政检察监督工作具有高度适应性。

二是突出行政检察监督的稳定性。这是行政检察韧性监督的内在要求。行政检察既监督人民法院公正司法，又促进行政机关依法行政，在推进国家治理体系和治理能力现代化方面具有独特优势。行政检察经过多年发展，已经积累了一些对行政执法和行政诉讼活动进行法律监督的经验和做法。行政检察监督的稳定性要求行政检察应当聚焦主责主业，充分发挥行政检察在国家治理现代化中的重要职能作用。办案是检察机关参与社会治理的基本方式，应当坚持个案办理与类案监督、专项活动相结合，既要通过个案办理实质解决行政争议，维护社会公平正义，又要通过类案监督促进社会治理，达到办理一案、治理一片、惠及造福一方的监督效果。要充分运用抗诉和检察建议方式推动工作。人民检察院对已经发生法律效力的行政判决、裁定、调解书进行抗诉，是行政诉讼检察监督最主要的方式，尽管理论比较成熟，仍需在司法实践中进一步探索。检察建议是2014年行政诉讼法修改时，借鉴《民事诉讼法》第208条的规定，新增的监督方式。检察建议有别于抗诉，抗诉必然引起再审，而检察建议并不必然引起再审。在安徽省某市检察院和省院在办理某建安公司诉某县人社局支付保险待遇检察监督案中，某县检察院审查后提请抗诉。某市检察院依法审查后向某市中级人民法院提出抗诉，某市中级人民法院再审后维持原判。市检察院决定跟进监督，遂提请安徽省人民检察院抗诉。安徽省检察院提出抗诉后，安徽省高级人民法院决定提审本案，再审判决采纳抗诉意见，撤销再审判决，支持某建安公司的诉讼请求。这是检察机关接力抗诉获得法院判决支持的典型案例。检察机关应当围绕主责主业，将行政检察监督过程中形成的好的经验和做法传承下来，保持稳定性和连续性。

三是突出行政检察监督的创新性。这是行政检察韧性监督的根本动力。唯有坚定不移推进改革创新，才能破解行政检察高质量发展过程中碰到的难题。必须紧紧围绕"努力让人民群众在每一个司法案件中感受到公平正义"的工作目标，重点解决影响司法公正和制约司法能力的深层次问题，充分发挥行政检察监督作用，主动适应监督要求，创新监督方式，突出监督效果，不断提升行政检察现代化水平。首先，持续更新理念，以理念变革引领行政检察工作创新发展。树牢和践行"在办案中监督、在监督中办案""监督就是支持、支持就是监督""精准监督""能动监督""智慧借助""双赢多赢共赢"等新理念，在新理念指导下推动监督实践向纵深发展。其次，创新监督方式，深化监督效果。积极探索实施行政诉讼监督年度报告制度，向法院和行政机关通报行政诉讼监督情况，向党委、人大报告，当好法治参谋，加强案源治理，努力从源头上预防和减少行政争议发生。推行行政诉讼监督案件公开听证和不支持监督申请检察宣告制度，以公开赢公信、促公正，扎实做好检察环节疏导情绪、释法说理、息诉服判、维护稳定工作，有效化解行政争议和矛盾纠纷。再次，加强案例指导，注重发挥案例的示范、引领和指导作用。聚焦人民群众关心关注的热点焦点问题和社会治理的重点难点问题，办理和发布指导性和典型案例，引导社会公众尊法、学法、守法、用法，同时通过指导性案例和典型案例的学习和应用，不断提升检察机关行政诉讼监督能力和水平。最后，强化现代信息技术运用，为行政检察监督插上智慧翅膀。要抢抓新一轮科技革命有利时机，充分运用互联网、大数据、人工智能等现代信息技术，助力行政检察工作实现新突破，不断提高行政检察监督效能，走主要依靠科技进步支撑的行政检察内涵式发展之路。

三、加强行政检察韧性监督的重点任务

加强行政检察韧性监督是一项长期而艰巨的任务，将伴随行政检察现代化全过程。要以习近平新时代中国特色社会主义思想为指导，深入贯彻习近平法治思想，立足行政诉讼监督职能，把坚持以人民为中心作为行政检察工作的重要目标，把推动解决行政诉讼面临的法治难题作为行政检察工作的着力点，把推动行政争议实质性化解作为行政检察工作的落脚点，把探索创新作为行政检察工作的重要动力，把提升办案队伍人员素质能力作为行政检察工作的重要抓手，推动行政检察工作高质量发展。

一是坚持人民至上。全面依法治国最广泛、最深厚的基础是人民，必须坚持为了人民、依靠人民。从本案情况来看，安徽省某市检察院和省院通过两次抗诉，目的就是帮助老百姓解决实际问题。老百姓到法院打官司，找检察机关抗诉，就是希望借助法定救济渠道帮助解决问题，而不是为了走程序的。坚持人民至上，积极回应人民群众新要求新期待，解决好人民群众关注的急难愁盼，真正把体现人民利益、反映人民愿望、维护人民权益、增进人民福祉落实到行政检察监督各领域全过程，不断增强人民群众的获得感、幸福感、安全感，夯实党的执政根基。

二是坚持能动检察。受不告不理原则的限制，法院工作在很大程度上是被动的，没有当事人的起诉或检察机关的指控，法院不得主动介入启动审判程序。现在强调能动司法，法院要积极延伸审判职能，加强诉源治理、协调和解以及判后工作，努力实现案件政治效果、法律效果、社会效果的有机统一。对于行政检察来讲，总体上不受不告不理原则影响，更要充分发挥能动检察作用，特别是在法院裁定不予受理或驳回起诉案件中有发挥作用的很大空间，这是一片广阔天地，也是一座富矿，值得行政检察去闯、去挖掘。从本案情况看，安徽省检察机关通过精准抗诉、跟进监督、能动履职，并开展类案监督，促成行政机关出台政策文件，建立长效机制，从根源上解决问题，减少企业用工成本、保护劳动者合法权益，保障法律正确实施，实现了办理一案、治理一片的良好效果。

三是坚持协调联动。《人民检察院组织法》第10条第2款规定："最高人民检察院领导地方各级人民检察院和专门人民检察院的工作，上级人民检察院领导下级人民检察院的工作。"由于上下级检察机关之间是领导与被领导的关系，这种制度优势有助于在行政检察监督过程中加强上下级

检察院之间协调联动。特别是在办理一些涉及地方重大利益的案件中，有上级检察院的领导和支持，有利于破除地方保护和行政干预的影响。在本案中，安徽某县、市、省院三级检察院联动，特别是某市检察院和省院跟进、抗诉、再抗诉，形成了监督合力，最终使问题得到解决。

四是坚持实质解纷。这些年人民法院围绕实质性解决行政争议做了大量工作，特别是开展案件协调和解工作和诉外化解工作，促进案结事了人和。实质解纷对行政检察监督来讲也同样重要，要把实质性化解行政争议作为行政检察监督的首要任务，办理一个案件就是要争取解决一个当事人的具体问题、具体诉求。老百姓向检察院申请抗诉，不是为了走抗诉程序，而是为了解决问题。要通过发挥诉讼监督职能优势，贯彻精准监督理念，检察机关除了认真做好书面审查外，还要加强调查核实，查明关键证据，为最终抗诉提供依据。同时，要注意平衡多重利益、多重价值、多重目标，更好地协调与审判机关、行政机关及行政相对人的关系，通过监督、抗诉诉调解、和解，推动行政争议实质性化解。

五是坚持提升能力。加强行政检察，提升能力是关键。行政检察能力就是对法律的执行力，是我们党执政能力的重要方面。行政检察同时承担着双重监督任务，一方面监督司法机关审理行政诉讼案件是否公正，另一方面也要监督行政机关依法行政。这两项工作都具有很强的政治性和专业性，对行政检察能力提出更高要求。长期以来，行政检察底子薄，工作开展难度大，发展较为缓慢。可以说行政检察的确在以往工作当中是弱项中的弱项，短板中的短板。因此，加强行政检察韧性监督，当务之急和立足之本就是要尽快采取有力措施，及时提高监督能力。要通过教育培训、岗位练兵、座谈研讨、同堂培训、比学赶帮等多种形式打造监督能力，为行政检察工作高质量发展提供坚实的组织人才保障。

人大代表点评

以能动履职　彰显法治担当

孔　涛[*]

在这起案件中，安徽检察机关秉持公正司法、服务人民的原则，积极主动作为，充分调查核实，深入剖析案情，针对劳动者的实际困难和合理诉求，准确适用法律，确保工伤保险待遇制度的落实，切实维护了劳动者的合法权益。此举不仅体现出检察机关在依法办案过程中的高效与精准，更凸显其在解决社会矛盾、实质性化解争议方面的决心与担当，充分彰显了检察机关人民至上的核心理念和能动履职的务实态度。

这起案件的成功办理，是安徽检察机关坚持人民立场、深化司法改革、提升司法公信力的具体实践，是对新时代检察工作要求的积极响应和深刻诠释，为今后处理工伤保险待遇纠纷案件提供了可借鉴的样本，对于构建和谐稳定的劳动关系、进一步建设法治社会具有重要的示范意义和指导价值。

---

[*] 孔涛，第十四届全国人大代表、安徽省铜陵市市长。

6. 王某鹏违法购买出售国家保护野生动物 行刑反向衔接案

【关键词】

行刑反向衔接　野生动物保护　跟进监督　一体履职

【案例简介】

2020年8月，王某鹏以1100元价格通过网络从B县某中学教师张某处购买一只人工繁育的赫曼陆龟，后将其以1300元价格出售给王某勇；同月王某鹏又以750元价格通过网络从A市安某处购买一只四爪陆龟养殖。经鉴定：赫曼陆龟为国家二级保护野生动物；四爪陆龟为国家一级保护野生动物。2023年7月25日，因王某鹏、安某犯罪情节轻微，具有坦白、认罪认罚情节，某县检察院对二人作出相对不起诉决定，因张某违法数额较小对其作出绝对不起诉决定。

行政检察部门经审查认为，三人的行为违反了《中华人民共和国野生动物保护法》有关规定，被不起诉后不予追究刑事责任，但需对其给予行政处罚。某县检察院分别向某县、A市、B县自然资源部门发出检察意见书，建议对违法人员按照《中华人民共和国野生动物保护法》第五十二条第一款、《中华人民共和国行政处罚法》《山东省自然资源行政处罚裁量标准》等有关法律法规进行处理。为保证监督层级对等，某县检察院报请A市检察院代为向A市自然资源局送达检察意见书。

2023年10月8日，某县检察院对某县自然资源局、A市自然资源局的行政处罚情况跟踪督促，审查后认为A市自然资源局行政处罚符合法律规定，某县自然资源局依据《中华人民共和国野生动物保护法》第五十二条第一款遗漏"没收违法所得"行政处罚，适用法律错误，向某县自然资源局发出检察建议书，建议其依法纠正。某县自然资源局收到检察建议书后，撤销原行政处罚决定，对王某鹏重新作出行政处罚决定。因B县自然资源和规划局两个月内未予回复办理情况或办理结果，某县检察院通过B县检察院跟踪督促，B县自然资源和规划局听取某县检察院意见，从某县检察院调取张某相关卷宗材料，立案并进行调查处理。

某县检察院与县司法局会签《关于加强行政检察与行政执法监督衔接工作的意见》，明确检察机关向行政机关提出行政处罚检察意见时抄送县司法局，共同督促行政机关依法行政。

【典型意义】

检察机关在开展行刑反向衔接工作中，统筹考虑与行政违法行为监督的对接，将行政机关落实检察意见情况，作为行政违法行为监督的重要线索来源，对行政处罚不当的，依法制发检察建议督促纠正。为提升监督效果，检察机关与司法行政机关建立行政检察与行政执法监督的衔接机制，共同督促行政机关依法行政，助力法治政府建设。

📝 **办案心得体会**

积极探索迎难而上　书写检察法治担当

王艳艳　张　娟[*]

最高检印发《关于推进行刑双向衔接和行政违法行为监督　构建检察监督与行政执法衔接制度的意见》后，山东省某县检察院认真学习，落实"高质效办好每一个案件"的要求，聚集推进难点堵点，积极探索破解难题，在最高检、省市院的精心指导下，所办理的王某鹏违法购买出售国家保护野生动物行刑反向衔接案成功入选 2023 年度十大行政检察典型案例。这份沉甸甸的荣誉是对全院干警尤其是行政检察办案人员莫大的鼓舞与激励，复盘本案的前前后后，我们有三点体会。

一、强化外部横向协作配合

行刑反向衔接工作的重中之重是检察机关与行政机关的衔接配合。《刑事诉讼法》第 177 条第 3 款规定对被不起诉人需要给予行政处罚、处分或者需要没收其违法所得的，人民检察院应当提出检察意见，移送有关主管机关处理。有关主管机关应当将处理结果及时通知人民检察院。2021年修订的《行政处罚法》第 27 条规定，对依法不需要追究刑事责任或者免予刑事处罚，但应当给予行政处罚的，司法机关应当及时将案件移送有关行政机关。行政处罚实施机关与司法机关之间应当加强协调配合，建立健全案件移送制度，加强证据材料移交、接收衔接，完善案件处理信息通报机制。

相关法律对行刑反向衔接工作只有原则性规定，但如何才能做到恰当衔接呢？为此，我们行政检察部门不断摸索，在接收刑检部门移送的不起诉案件后，重点审查包括移送对象、处罚依据、卷宗材料以及行政执法机

---

* 王艳艳，山东省宁津县人民检察院第二检察部主任、二级检察官；张娟，山东省宁津县人民检察院第二检察部副主任。

关履职情况等内容，准确把握和适用提出检察意见的法律和事实依据，确保"所提该所罚""罚当其错"。检察机关向有主管权的行政机关制发检察意见书。哪个行政机关有主管权，不单纯涉及法律判断，还涉及专业判断，应当根据具体领域具体进行，必要时需要在移送前征求行政机关的意见，以保证检察意见的精准性、科学性。

本案中王某鹏等三人违法买卖国家重点保护野生动物，《野生动物保护法》第 52 条第 1 款规定市场监督管理部门、野生动物保护主管部门"按照职责分工"行使职权，具体明确主管机关。我们调取相关单位"三定"方案、权责清单，最终确认两市三区县执法机关为自然资源部门。

安某违法行为地、住所地在某区，该区自然资源分局是 A 市自然资源局派出机构，自身并无相关执法权，有权进行行政处罚的执法主体是 A 市自然资源局。考虑履职的对等性，我们讨论后报请上级院代为向其送达检察意见书，保障了案件办理的良好效果。

在办案中我们发现问题及时总结经验，与县司法局会签《关于加强行政检察与行政执法监督衔接工作的意见》，建立行政检察与行政执法监督的衔接机制，明确作出不起诉决定后提出的检察意见同步抄送县司法局，细化主管机关接收后的异议程序、反馈程序，对在规定期限内无正当理由不予回复、不予处罚或处罚错误的，该局按照《山东省行政执法监督条例》进行处理，进一步做好行政执法与刑事司法衔接，强化检察意见的刚性。

二、做好跟进监督提质增效

宪法和人民检察院组织法明确规定检察机关是国家的法律监督机关。对行政机关和审判机关执行法律情况进行专门监督是检察机关职责所在。2021 年《中共中央关于加强新时代检察机关法律监督工作的意见》强调，检察机关在履行法律监督职责中发现行政机关违法行使职权或者不行使职权的，可以依照法律规定制发检察建议等督促其纠正。这限定了检察机关对行政违法行为监督的案源发现方式、监督内容和监督手段。

"什么是履行职责中发现""如何界定行政机关违法行使职权或者不行使职权""如何进行跟进监督"等问题，检察机关内外部有不同的观点，需要进行探索完善，形成共识。

检察机关根据《刑事诉讼法》第 177 条第 3 款、《行政处罚法》第 27 条规定向行政主管部门移送案件，在此过程中发现其违法行为属于"履行职责中发现"毋庸置疑。对行政机关不行使职权、不作为的情况较容易判断，对于违法行使职权重点是围绕行政机关是否及时、依法、全面履职，是否超越职权，适用法律法规是否正确，处罚是否明显不当等展开监督，可以参考公益诉讼检察中"行为要件＋结果要件＋职权要件"的三要件标准，同时充分尊重行政机关的专业判断权和自由裁量权，不能以行政机关作出的具体行政处罚与自身预判有差距就进行监督。

本案中，某县自然资源局遗漏对王某鹏没收违法所得的罚项，适用法律错误，属于违法行使职权，我们跟进监督，向其发出检察建议书。该局很快就撤销原处罚决定并重新作出决定。

张某所在的 B 县自然资源和规划局超过两个月未回复办理情况及办理结果，也未进行处理，属于不作为、不行使职权。因 B 县与某县分属两地市，我们通过 B 县检察院对其进行督促。该局电话回复称张某的违法行为已过追责时效、违法行为地不在 B 县，因而无法对其进行处理。我们认为根据相关法律法规，刑事立案之日即是违法行为被发现之日，张某的违法行为未超追责时效，B 县虽然不是张某销售陆龟的发货地，但是其无证从上家购买陆龟的收货地、转手网络兜售的行为地都在 B 县，B 县属于违法行为地，且张某住所在地在 B 县，由 B 县自然资源和规划局实施处罚有利于减轻当事人负担、提高行政效率。该局接受跟进监督意见，对张某立案调查并作出没收违法所得并处野生动物价值 5 倍罚款的决定。虽然两县对王某鹏、张某罚款倍数不同，但都在其自由裁量权范围内，不属于检察监督范围。

三、突出精品意识求真务实

坚持"高质效办好每一个案件"是检察履职办案的基本价值追求，树立每一个案件都是精品案源的意识，我们开展反向衔接工作一开始就要强化精准监督、精细审查、夯实监督办案的客观事实和法律基础。

本案中王某鹏三人的违法行为发生在 2020 年，2017 年第二次修正的行政处罚法在 2021 年 1 月进行修订，增加了"当事人有违法所得，除依法应当退赔外，应当予以没收"的规定；野生动物保护法在 2022 年进行修订时，原第四十八条调整为第五十二条，条文内容未变，对涉案违法行为的法律责任规定有"没收野生动物及其制品和违法所得"。

　　某县自然资源局对王某鹏的违法行为按照《野生动物保护法》第52条第1款、《陆生野生动物保护实施条例》第36条等规定，对王某鹏作出罚款、没收野生动物的行政处罚。

　　按照法不溯及既往的法律适用原则，对当事人进行处罚应当适用违法行为发生时的法律，王某鹏的行为发生在2020年，应当适用2017年行政处罚法，虽然此时该法仅将没收违法所得作为行政处罚的一个种类，但是按照特别法优于一般法的原则，应当依据野生动物保护法的规定，该处罚决定遗漏了没收违法所得罚项。

　　同时根据新法优于旧法、上位法优于下位法的法律适用原则，《陆生野生动物保护实施条例》属于行政法规，最新修改是在2016年2月，该条例第36条对王某鹏的行为规定为"没收实物和违法所得，可以并处相当于实物价值10倍以下的罚款"；对此种行为2016年7月《野生动物保护法》第48条规定修正为"没收野生动物及其制品和违法所得，并处野生动物及其制品价值二倍以上十倍以下的罚款"，该法属于法律应优先适用，本案中某县自然资源局仅需引用野生动物保护法而不需引用《陆生野生动物保护实施条例》。

　　为者常成，行者常至。作为行政检察人员，我们将继续坚持履职求极致、办案求精品、创新求突破，为大局服务，为人民司法，在新时代新征程的检察事业中书写更大法治担当。

专家点评

在法治框架下探索违法行政行为监督路径

谭宗泽*

笔者参加了本案的复评活动，在复评中评委就已关注到这个案件。笔者认为这个案件的主题是：不缺位、不逾矩，拓展履职中发现的边界，探索违法行政行为监督的有效路径。

行刑反向衔接监督与党的十八届四中全会提出的对违法行政行为进行检察监督的政治要求相契合。2021 年《中共中央关于加强新时代检察机关法律监督工作的意见》特别要求要以政治自觉来履行民事、行政和公益诉讼、刑事检察监督，要实现各项检察工作全面、协调、充分发展，推动检察机关法律监督与其他各类监督有效贯通相互协调，为提高法律监督水平、坚持完善中国特色社会主义制度和司法制度推进国家治理体系和治理水平现代化作出检察机关的贡献。

该《意见》特别提出要健全行政执法和刑事司法的衔接机制，完善检察机关与行政执法机关、公安机关、审判机关、司法行政机关执行司法信息共享、案情通报、案件移送制度，实现行政处罚与刑事处罚依法对接的要求。2023 年最高检也专门出台了《关于推进行刑双向衔接和行政违法行为监督 构建行政监督与行政执法衔接的意见》，在该文件中，除了双向衔接以外，检察机关还有一个特别重要的任务，就是对行政违法行为的监督。但是，对行政违法行为的监督如何找到突破口？如何寻找它的边界？检察力量如何切入相关的行政程序？王某鹏违法购买出售国家保护野生动物行刑反向衔接案就作出了有益的尝试。

本次入选的案例是山东省某县人民检察院为行政检察监督法治实践进行了有益的探索，也提交了一份优秀的答卷。在此向该县人民检察院、向办案检察官致敬并表示祝贺！

---

* 谭宗泽，中国法学会行政法学研究会副会长、西南政法大学行政法学院教授。

本案的亮点是，上下级院一起推进履职，跨区域检察协同履职，立足法定职责能动履职，切实履行好行刑反向衔接监督机制，对行政机关落实检察意见情况进行跟踪、督促，府检联动共同推进依法行政。

同时，还可以从以下方面去挖掘本案的法治性的价值：

第一，在行政检察监督过程中必须坚持法治原则，切实履行法律监督职责，织密法治之网，监督精准、执法问责。监督的目标是要织密法治之网，精准执法问责，这也是非常重要的要求。

第二，在行政检察监督过程中法治监督不缺席也不缺位，同时也不逾矩，探索要在法治框架下进行。最高检坚持的立场是要在履行法律监督职责中发现，有效对接其他主体责任机关形成监督合力，府检良性互动，严密国家监督体系。该问题的难点在于如何解释履行法律监督职责。"在法律履职中发现"的解释，是比较保守的，或者说是谦抑的，笔者认为可以对其进行有效拓展，最高检应该作积极的解释，否则对于党的十八届四中全会提出的任务是难以实现的。

第三，应该能动履职，夯实法律监督职责，探索新时代行政检察监督的新格局、新路径、新方法，将行政检察监督效能转化为行政法治发展的实效，补齐法律执行和实施的短板，努力开创法律全面执行的新局面。在本案中，按照一般的行刑反向衔接规则办案，只需要出具检察意见向行政机关移送即可，但本案可贵之处在于，检察机关不但移送《检察意见》，还对移送以后的案件办理情况、法律实施情况提出了办案意见，还对超过一定时间不作为或者未回复提出检察建议，并进行了府检联动，这个做法就是能动检察。从本案办理途径和思路来看，既符合依职权发现的条件，又表明移送行政机关后要进行持续跟踪，这可以成为将来对违法行政行为实施检察监督的一个有效的突破口，笔者认为这是本案最大的贡献，其中的经验值得推广！

🔍 人大代表点评

完善线索移送机制　促进检察办案协作履职

魏德东[*]

　　某县检察院针对刑事不起诉案件做好行刑反向衔接后半篇文章，注重完善内部各部门案件线索的衔接移送机制，打破刑事检察职能和行政检察职能之间内部分离的传统桎梏，防止刑事司法与行政执法程序脱节，有效解决了不刑不罚、应罚未罚等问题，确保法律的惩治教育功能落实落地。同时通过上下级检察院、跨区域检察院之间协作配合，助推检察职能全面充分发挥。

　　该院统筹行刑反向衔接与行政违法行为监督，跟进行政主管机关落实检察意见的情况，对行政机关行使职权或者不行使职权违反法律规定的，督促其纠正，促进依法行政，同时加强与司法行政机关的相关制度机制建设，形成执法司法合力，共同促进严格执法、公正司法，提升社会治理能力，助力法治政府建设。

---

[*] 魏德东，第十四届全国人大代表、山东省临邑县富民小麦种植专业合作社理事长。

7. 某国有农场诉某县自然资源局房屋所有权登记检察监督案

【关键词】

行政生效裁判监督　国有资产保护　抗诉　再审检察建议

【案例简介】

魏某系某县国有农场职工，自 2013 年 1 月起，违法占用农场划拨土地自建房屋 10 处，并分别办理了房权证书。2018 年 4 月，魏某以上述房产为抵押，先后向县农商银行申请贷款 880 万元，后逾期未还。农商银行起诉胜诉后，向某县法院申请对抵押房产进行拍卖。2022 年 3 月，县农场提起行政诉讼，请求撤销县自然资源局违规为魏某颁发的房权证书。县法院一审认定，自然资源局为魏某办理的房权证书认定事实不清，依法应当撤销，但因撤销会损害第三人的抵押权益，判决办证行为违法但不予撤销。一审判决后，双方均未上诉。2023 年 5 月 18 日，某县检察院在履行行政检察监督职权中发现该案可能损害国家利益，决定依职权受理。经审查认为：县自然资源局在魏某未取得土地使用权证、提交材料明显虚假的情况下，违规为其颁发不动产权证书。按照最高人民法院《关于第三人善意取得的抵押权能否阻却人民法院判决撤销房屋所有权登记请示的回复》，即使农商银行善意取得了涉案房屋的抵押权，也不能阻却法院判决撤销房屋登记决定，据此认定县法院一审判决认定事实的主要证据不足，适用法律确有错误。经向上级院汇报，启动一体化办案模式，分别由市、县两级院同步提出抗诉和再审检察建议。审判机关采纳抗诉和建议再审意见，2023 年 8 月 1 日，法院对其中 1 起行政判决进行再审，依法撤销原审判决，撤销县自然资源局房屋所有权颁证行为。县自然资源局上诉，某市中级法院再审判决维持上述再审一审判决。

某县检察院依托府检联动机制，经充分沟通协调、释法说理，建议自然资源局依法主动撤销违法办理的其余 9 件不动产权证书，县农场撤回对该 9 件案件的起诉。针对该案涉嫌开具虚假证明材料的违法违纪线索，县检察院依法向县纪委监委移交公职人员违纪违法线索 4 件，正在立案查处中。

【典型意义】

检察机关一体联动，主动为大局服务、为法治担当，敢于监督、善于监督，综合运用抗诉和再审检察建议方式，同步监督两级法院，做实"高质效办好每一个案件"，推动法院依法纠正错误生效判决。同时，通过督促行政机关依法履职、移送违法违纪案件线索等方式，将办案职能向社会治理领域延伸，推动行业突出问题整治，促进社会综合治理。

📝 办案心得体会

能动履职　增强刚性
高质效办好每一个行政生效裁判监督案件

陈云清　田青攀*

某国有农场诉某县自然资源局房屋所有权登记检察监督案被评为"2023年度十大行政检察典型案例"，既是对我们工作的认可，也是强有力的鼓励和鞭策。坚实了我们做实行政检察工作的信心、为我们干事创业提供了动力支持。下面将办案的心得体会汇报如下。

一、增强线索发现能力，是行政检察官必备的业务素质

一是内外联动，捕捉信息。生效裁判监督案源匮乏是制约基层院行政检察工作发展的主要因素。如何打破僵局、拓展案源，需要我们调整工作思路，转变工作理念，改变以往"坐等"办案模式，主动出击，全面寻找摸排案件线索，改变基层院行政检察"案荒"困境。我们充分利用上级院与司法行政机关会签的工作文件，主动、定期与行政机关、法院开展座谈交流。在沟通中，农业农村局反映该县农场涉案的一起行政诉讼案件，可能造成国有资产流失。经向检察长、上级院汇报，决定对该案进行深入摸排。二是查微析疑，分析研判。随着线索走访调查的深入，几个细节引起我们关注：一个农场职工，怎么能在国有土地上私自建筑房屋？违法建设的房屋如何办理的房屋产权登记证书？"带病"的房屋登记如何能抵押贷款千万余元？为了解开这些疑问，在市院指导下，我们成立调查小组，围绕线索进行全面核查。三是履职尽责，主动监督。保护国有资产是检察机关的法定职责，对侵害国家利益、社会公共利益和造成国有资产严重流失的案件，行政检察更应该担当作为，主动出击。经调查，农商银行诉魏某

---

* 陈云清，河南省南阳市人民检察院第七检察部副主任、四级高级员额检察官；田青攀，河南省社旗县人民检察院第四检察部主任、一级员额检察官。

金融借款纠纷案件已经进入强制执行程序，案涉房产面临随时被拍卖的危险，一旦抵押房屋被强制拍卖，根据房地一体的抵押原则，国有土地将一并被拍卖。为避免国有资产流失，我们当机立断，依职权启动监督程序，对 10 起生效裁判案件进行立案监督。

二、调查核实、公开听证，是实现精准监督的有效途径

在行政诉讼监督中，调查核实、公开听证是确保检察机关作出准确事实判断的重要手段，也是实现精准监督，提升司法公信力，实现办案"三个效果"有机统一的重大举措。一是书面审查全面梳理案情。我们分别调取了案涉的行政审判卷宗、关联的金融借款民事卷宗、房屋登记档案、银行贷款手续等书面材料，经过仔细审阅，发现人民法院已经判决县自然资源局颁证行为违法，但之所以不撤证是认为第三人农商银行善意取得案涉房屋的抵押权。初步审查发现疑点：一个没有土地证的房产如何能够取得大额贷款？农商银行未对抵押物权属、国有农场上出现私人房产等明显疑点进行实质审查的前提下，为魏某办理抵押贷款，能否构成善意取得？二是深入现场，调查核实。在市院办案小组的指导下，我们实地查看了房屋现场，发现案涉房屋位于某乡镇东南的一整片耕地上，位置偏远，外观为农村两层普通平房，联排建造，四周均为农田，只有一条不足 5 米的小路可供通行，来往车辆人员稀疏。经走访了解，附近村民一致认为这样地段的农村房屋不可能评估 1000 万元。细致的调查核实，为开展听证工作打下了坚实的基础。三是多方参与，公开听证。为充分听取各方意见，由市检察院牵头，先后两次邀请县农场、自然资源局、原房屋登记管理部门、县农商银行、县纪委监委等多部门参加，在县检察院召开案件听证会。会上，各方出示证据，阐明各自观点，县农场认为，如果不撤销 10 起房屋登记证书，房屋抵押权的实现将造成国有资产流失，严重损害国家利益。县自然资源局认为，案涉房权证书办证行为存在问题，但系前房屋登记管理部门所办，且目前找不到相关档案，出现问题应找前单位解决。县农商银行认为，抵押贷款手续虽有瑕疵，但系当时大环境所致，没有土地证也可以办理贷款，如果抵押权得不到实现，银行将面临重大损失。

三、上下一体、综合施策，是提升监督质效的有效手段

一是上下联动，一体化办案。鉴于案情重大，牵涉部门利益较多，基层院办案阻力较大，市院抽调骨干力量，两级院组成专门办案组，专司此案办理，发挥检察一体的优势，形成办案合力。二是加强汇报，争取上级院支持。在组成办案组的同时，随时保持向河南省院的汇报，省院领导充分肯定我们的做法，并给予充分指导。先后数次就办案的具体做法作出指示，省市院的大力支持，给了我们办好案件的坚定信心。三是能动履职，增强监督刚性。受理的 10 起案件虽然是生效裁判监督案件，但系类案，如何提升监督质效，增强监督刚性是我们两级院着重思考的问题。抗诉是生效裁判监督最有力的方式，但是对 10 起案件全部抗诉，就能达到最优的结果吗？全盘的否认法院判决，不仅伤害司法的形象，还会让法治政府的建设受到影响。经过与两级法院的充分协商，最终报院检委会研究决定，综合采用抗诉和再审监督方式，由市检察院向中级法院提出抗诉 1 件，县检察院向同级法院发出再审检察建议 9 件，两级院同步监督，推动监督效果的实现。实践证明，我们的做法易被法院接受，且在后期启动府检联动机制过程中，县政府对检察机关的做法充分认可，在 1 起抗诉案件改判以后，主动撤销其余 9 件房屋产权证书，县农场撤回起诉，实现了双赢多赢共赢的社会效果。

四、延伸职能、助推溯源治理，是新时代检察担当生动体现

为积极落实最高人民检察院关于做实行政检察各项要求，我们坚持把社会治理作为履行法律监督职能的必然延伸，不断提升以人民为中心，依法能动履职的使命担当，为区域经济社会高质量发展贡献检察效能。一是移交线索，体现法治担当。针对办法中发现的魏某骗取房屋登记，进行抵押贷款的违法犯罪行为，向公安部门移交犯罪线索。目前，该案已经进入审查起诉阶段，我们将持续关注。对该案暴露出的相关职能部门不作为、乱作为等违法违纪行为，向同级纪委监委移交公职人员违法违纪线索 4 件。二是制发检察建议，助推社会治理。针对办案中涉案单位暴露出的一系列问题：县农场作为县农村农业局下属单位，经营体制落后、日常管理混乱，存在员工侵占国家权益现象；县自然资源局在政府机构改革后承接房产登记职能，存在房屋登记审核把关不严、办证登记行为不规范问题；县农商银行作为专业金融机构，在贷款审批发放中疏于管理，存在违规放贷。分别向上述单位发出社会治理类检察建议，督促相关单位强化内部监管，建立长效机制，堵塞管理漏洞。截至目前，被建议单位已进行整改。下一步，检察机关将持续关注，跟踪问效，防止此类问题再次发生。

专家点评

府检联动，聚力完善合法规范运营机制
——某国有农场诉某县自然资源局房屋
所有权登记检察监督案简评

杨建顺*

题目中的"合法规范运营机制"，是指各方主体自觉践履法规范的状态，这与府检联动、高质效办好每一个案件的理念几乎完全吻合。下面从五个方面对这个案件进行点评。

一是行政行为的瑕疵及其承继性问题。行政行为一旦作出，如进行了登记，就产生了准约束力，后面的工作该如何开展？一般来说，有一个善意取得的问题，在这个案件中对善意取得予以了充分的调查、全面的梳理，而且也引用最高法的文件证明了确实存在善意取得，但也不能阻却法院予以判决驳回。

二是善意取得的认定及运用。一审法院对善意取得的认定和运用，与行政法的信赖利益保护相符，检察院对此作了充分的调查研究。特别是法院作出了确认违法但不予以撤销判决之后，我们最初会感到法院做得非常棒。可是，再深入思考一下，可以看到法院在实质调查研究这块没有做到位。将善意保护和信赖保护等利益保护与客观事实调查核实的机制联系起来，可能对行政法的理论是一个很重要的提示。

三是类案监督的路径和方式值得特别关注。本案牵涉 10 起案件，如果是在其他案件讲类案的话，或许还会有很多需要重新考虑的点，而这个案件的特殊性在于 10 起案子本身就具有特别高度的类似性，怎么处理这10 起案件呢？检察机关的处理很高明：就其中一个重要的进行抗诉，余下的 9 个则不去抗诉。因为都抗诉的话肯定成本很高，而检察机关司法资源

---

* 杨建顺，中国法学会行政法学研究会副会长、中国人民大学法学院教授、《法学家》副主编。

是有限的。对剩下的案件进行沟通、府检联动，让当事人主动撤诉。但撤诉却引出了下面所述新的问题。

四是府检联动及合法规范运营机制。其他的9个案件为何撤诉？原因之一在于检察机关组织召开公开听证会，为协调沟通奠定了基础。还有一个重要原因在于进行了府检联动。府检联动涉及国有资产的确认，涉及国有财产保护的机制和程序等撤诉之前的工作。对违法行政行为的检察监督来说，府检联动是一个非常好的平台，是一个重要机制，而这个案件也充分显示了府检联动的有效性。当然，这种有效的做法能不能推广呢？这是下一个值得思考的问题。

五是"高质效办好每一个案件"的法治课题展望。这个问题又包括五个方面内容。第一，重新审视和重视"调整"。在学习过程中，我翻阅了盐野宏先生的《行政组织法》著作，书里有个特别重要的概念叫作"调整"。"调整"作用对于行政主体非常重要。第二，由谁来调整？依据什么？通过什么样的途径和方式来进行？检察机关的一体联动需要报上级检察机关批准，这充分体现了检察机关的信心、检察机关的魄力，但是，能不能不报上级就能展开相应工作？检察机关的阻力更少一些，会不会更好？这就是建立健全合法规范运营机制的问题。第三，第三人等相关主体的权益保护问题应该如何考虑？撤诉之后应该怎么解决？该移送案件的移送案件，该惩处的惩处，这方面都做了规定，检察机关也做得非常好，但这一点权益保护问题还是需要我们再思考。第四，行政机关的法规范建设和执行层面的任务应该如何落实。第五，行政法学者、行政法学应该起什么作用。府检联动、高质效办好每一个案件，以及笔者提出的合法规范运营机制，都是这个案件带来的启发。希望在座的各位朋友共同学习、研读这个案件，并从这个案件中总结出更多好的经验。

人大代表点评

三级检察机关上下一体，敢作善为，
为社会治理贡献检察智慧

王　贤*

　　检察机关在党的领导下，深入践行习近平法治思想，紧紧围绕党委政府经济社会发展大局，立足法律监督职能，依法能动履职，自觉为大局服务、为法治担当、为人民司法。在国有农场诉县自然资源局房屋所有权登记检察监督案件的办理中，省市县三级检察机关上下一体，敢做善为，综合运用抗诉和再审检察建议的方式，同步监督两级法院。发挥行政检察"一手托两家"的优势，利用召开听证会、走访座谈等方式，在监督法院纠正生效错误判决的同时，又促使行政机关主动纠错，实质性化解行政争议，不但树立了法律的权威，也维护了政府的形象。同时，通过督促行政机关依法履职、移送违法违纪线索等方式，将办案职能向社会治理领域延伸，促进社会治理，达到了检察办案的政治效果、法律效果和社会效果的有机统一。

---

　　* 王贤，第十四届全国人大代表、河南赊店老酒股份有限公司副总经理兼总工程师。

8. 杨某某诉某市医疗保障局劳动保障行政给付检察监督案

【关键词】

行政生效裁判监督　行政给付　抗诉改判

【案例简介】

2013年11月18日，杨某某因与某医院医疗纠纷诉至法院，涉案医疗费用共计98061.61元，法院判决医院承担32687.20元，其余65374.41元由杨某某个人承担。杨某某要求某市医保局对其个人承担的65374.41元予以补偿。某市医保局作出不予补偿决定，其依据：《市人民政府办公室关于印发〈某甲市城乡居民基本医疗保险实行办法〉的通知》、某市《关于进一步完善某市2016年新型农村合作医疗统筹补偿方案的通知》《某市新型农村合作医疗意外伤害住院补偿办法（试行）》，上述3份规范性文件规定"医疗事故产生的费用、医疗纠纷造成的意外伤害"均不属医保基金支付范围。杨某某于2019年4月19日诉至某市法院。某市法院认为，市医疗保障局依据的3份规范文件合法有效，判决驳回杨某某的诉讼请求。杨某某不服，申请再审，被法院裁定驳回。杨某某向检察机关申请监督。某市检察院认为，某市法院适用的3份规范性文件，违反了社会保险法的规定，扩大了不纳入医保金支付范围，将不纳入基本医疗保险支付范围的医疗费用扩大到"因医疗事故所发生的费用"，减损了公民合法权益。本案属医疗事故，杨某某个人负担65374.41元无法纳入医保支付范围。某市检察院以法院适用法律错误提请抗诉。考虑到杨某某实际困难，为其申领救助金5000元。上级检察院提出抗诉，该市中级法院于2023年7月17日依法改判由某市医保局支付杨某某医疗保障待遇。检察机关积极参与溯源治理，就规范性文件违背上位法问题，向某市人大汇报。目前《关于进一步完善某市2016年新型农村合作医疗统筹补偿方案的通知》《某市新型农村合作医疗意外伤害住院补偿办法（试行）》已经废止。

【典型意义】

国家建立基本医疗保险制度，旨在保障公民在疾病等情况下依法从国家和社会获得物质帮助的权利。地方性文件违背社会保险法规定，不当减损了当事人合法权益，检察机关通过抗诉监督法院适用法律错误，同时，通过向人大汇报，促成规范性文件合法性审查，堵塞制度漏洞，切实维护社会稳定。

📝 **办案心得体会**

精准监督促公正　司法为民解民忧

湖北省黄石市人民检察院行政检察办案组^{*}

　　"我对检察机关的工作非常、非常、非常满意，不是一个非常，是三个，感谢你们依法办案、不但让我获得了公平，还积极给予救助，帮我走出生活困境、真心特别感谢你们对我的帮助。"这是杨某某在向检察机关送锦旗时用最朴素的语言表达了对我们的感谢。看到他整个精神面貌焕然一新，在场人员无不为之动容。作为办案人，感到欣慰的同时，也深刻体会到人民群众的满意就是对检察工作的最高评价。

　　回顾办理这起案件，我们主要有以下三点体会。

一、忠于法律：以司法公正引领社会公正

　　对检察机关而言，让人民群众真切感受到公平正义，就是要在依法履职中促进司法公正、引领社会公正。正确理解立法目的和原意，准确适用法律法规，是维护法律权威、司法公正的内在要求。杨某某要求医保局补偿其因医疗事故产生的医疗费用，医保局依据地方规范性文件决定不予补偿。本案经过一审、再审，均未得到法院支持。初看该案，地方规范性文件明确规定医疗事故产生的费用不属于医保金支付范围，医保局依据上述文件作出不予补偿决定，貌似并无不当，但多年的办案经验和朴素的法感让我们觉得对杨某某不公平。国家建立基本医疗保险，旨在保障公民在疾病等情况下依法从国家和社会获得物质帮助的权利。为什么仅因杨某某系医疗事故产生的费用就被排除在医保报销范围之外？带着疑问，我们调阅了法院一审、再审全部卷宗，多次前往某市医保部门了解新农合等规范性

---

　　^{*} 办案组成员：秦国文，湖北省黄石市人民检察院党组副书记、副检察长，三级高级检察官；胡婧，湖北省黄石市人民检察院第五检察部副主任、二级检察官；周国庆，湖北省大冶市人民检察院一级检察官助理。

文件适用情况。与某市司法局进行充分沟通，对新型农村合作医疗制度确立的背景、目的和内容进行了深入研究。确定了本案的症结所在：医保局依据的、法院适用的案涉地方规范文件与社会保险法相冲突，社会保险法规定不纳入基本医疗保险基金支付范围并未包含"因医疗事故产生的医疗费用"。案涉地方性文件违背社会保险法规定，不当减损了当事人合法权益，我们据此精准提出抗诉，纠正错误裁判，确保了法律正确实施、维护司法权威。

二、始于初心：以群众获得感为评价标准

只有坚持为民初心，才能以人民满意为出发点、落脚点，在办案中彰显公平正义的同时体现司法温度，不断增强人民群众的获得感、幸福感、安全感。通过走访杨某某所在乡镇，我们了解到，杨某某因医疗事故受伤后生活十分拮据，高额的医疗费用，生活的重担，身体的残疾都让他举步维艰，生活愈加困难，他认为医保局不予补偿决定对他不公平，但法院和行政机关都告诉他，医保局是按地方规范性文件执行没有错。他不明白，缴纳保险就是为了得到保障，为什么需要保障时，医疗事故产生的费用，保险金就不予支付了？综合考虑案件情况、申请人的实际困难和权益保护，我们以公开听证引导当事人明辨法理、合理合法主张诉求；杨某某逐渐放下了抵触情绪，他激动地表示："没有想到这么小的案件，检察长亲自办理，还帮我请那么多领导、听证员一起坐下来听我说，宽慰我，我今天才知道原来是医保部门适用的规范本身错了，我今后会依法主张权益，就像大家说的，我应该放下心结，把往后的日子过好！"通过公开听证深入的释法说理，在维护法律权威、彰显公平正义的同时体现司法温度，不就案办案，以达到法律、政策互通，法理、情理互融的目标。听证会后我们帮助杨某某申请司法救助，同时，积极协调民政部门、当地政府给予持续帮扶，帮助杨某某缓解生活困难，重拾生活信心。抗诉改判后，我们到杨某某家里进行回访，他表示检察机关改变了他的人生，帮助他依法获得医保补偿，及时给予救助帮扶，家里的经济状况也得到改善。我们深刻体会到"司法为民"不仅是公正的办理每一起案件，更是要以人民为中心，切实考虑到如何维护他们的权益，让人民群众在真正感受到法治的温度。检察工作始于为人民司法这个初心，公正司法这个核心，面向真实的民生，用心用情办好每一件关乎群众切身利益的案件，应努力让人民群众真真正正在实体上感受到公平正义，在程序上看到更优更快，对行政检察工作有更多获得感和认同感。

三、臻于至善：以能动履职促进溯源治理

检察机关在本案办理过程中，借助检察上下一体履职优势，市级院加强提抗前指导，基层院发挥属地便利及时开展调查核实，准确把握医保部门规范性文件适用情形，市级院与法院充分沟通达成共识，推动监督意见落地、落实。同时坚持"个案办理、类案监督、社会治理、争议化解、司法救助"一体推进，以抗诉职能为切入点，监督法院适用法律错误确保当事人依法获得医保待遇。为了避免类似问题再次发生，继续延伸办案效果，检察机关能动履职，积极参与溯源治理向地方人大提出规范性文件合法性审查，堵塞制度漏洞，案涉规范性文件现已废止。同时，向市医保局发出检察建议，督促行政机关开展了全市医保专项活动，对杨某某类似情况进行梳理，及时纳入医保报销范围，保障医保政策统一正确适用，助力法治社会、法治国家、法治政府建设。本案历时多年积怨矛盾的案件得到化解，杨某某到检察机关送锦旗致信表示感谢。检察机关主动作为，形成办理一案，治理一片，达到了源头治理，标本兼治的效果，行政检察的监督质效进一步提升。

公平正义，一直都是民之所望，人民群众对公平正义的感受往往来自具体案件，我们办理的大部分案件都是发生在群众身边的"小案"，只有坚持司法为民情怀，小案绝不小办，坚守"为大局服务、为人民司法"的初心，坚守"高质效办好每一个案件"，才能切实维护司法公正公信，促进依法行政，助力国家治理体系和治理能力现代化，贡献行政检察智慧和力量。

专家点评

检察机关心系民生需求　精准施策推动系统治理

王锡锌[*]

"杨某某诉某市医疗保障局劳动保障行政给付检察监督案"的典型意义主要体现在以下三个方面。

一是紧密联系人民群众的实际生活需求。医保作为民生保障体系的坚实基石，其重要性不言而喻。它宛如一道坚不可摧的屏障，无时无刻不在守护着广大民众的健康与生活安宁。然而，当前医疗事故引发的纷争屡见不鲜，已成为社会关注的焦点和痛点。面对这一严峻形势，如何确保医保在关键时刻能够充分发挥其应有的作用，成为我们亟待探讨的课题。因此，并非随便选择这一案例，而是我们期望切实针对这些亟待解决的问题，通过深入剖析找寻切实可行的解决之道，为民众的健康与生活安全提供更加坚实的保障。在本案中，检察机关的敏锐洞察力和高效执行力得到了充分体现，及时发现了涉案地方性文件违背上位法规定的问题。对此，检察机关果断采取行动，通过抗诉监督法院适用法律错误，确保法律的正确实施。同时，检察机关还积极向人大汇报，促成规范性文件的审查监督，从而堵塞制度漏洞，为民众的健康与生活安全提供更加坚实的保障。这一案例展示了检察机关在解决民生问题上的积极作用，在构建更加完善的医保体系和解决民生问题的过程中，行政检察需要更加注重民生行政监督机制完善，为人民群众提供更加优质、高效的检察服务。

二是精准把握行政法治领域的核心矛盾。在日常生活中，我们总会遇到各种各样的问题，其中不乏涉及公平正义的纠纷。这个案例正是这样一个缩影，它揭示的是民众最关心、最直接的民生问题。无论是医疗纠纷、社保问题还是其他民生领域，行政检察工作都需要紧密关注。该案精准地

---

　　* 王锡锌，中国法学会行政法学研究会副会长、北京大学法学院教授、《中外法学》主编、北京大学法治与发展研究院执行院长。

捕捉了行政法治领域的核心矛盾。在法治社会中，法律规范的有效实施是社会秩序和公平正义的重要保障。然而，在实践中，我们常会发现法律规范之间存在冲突，或者法律规范实施过程中存在偏差。这个案例就涉及这样的问题，它反映下位法对上位法的侵蚀现象。社会的风险管控依赖于法治保障，然而法治在实践中也面临诸多挑战。一方面，行政规范性文件的繁杂在一定程度上产生适用冲突现象，正如老子在《道德经》中所言，"法令滋彰，盗贼多有"。当行政规范性文件之间相互冲突，下位法与上位法产生矛盾，甚至下位法不断削弱上位法赋予公民的权益时，这无疑减损了法治的社会保障作用。本案中，我们看到的正是这种行政规范性文件适用冲突所带来的问题，这也引发了我们的疑问：法院在审理此案时，为何没有将这一关键问题作为重点？从行政争议的解决机制中看，行政复议法和行政诉讼法规定了规范性文件的附带性审查制度。由此，在实践中真正协同好法律规范之间的关系，确保法律体系的和谐统一，则显得尤为重要。这不仅是个案的处理问题，更涉及我国法治体系的整体性问题。良法善治的推进需要我们深入思考和探讨如何更好地平衡和协调法律规范之间的关系，确保法治得以真正落实和有效运行。

三是致力于推动系统治理的有效实施，防止制度出现系统性失灵。在解决具体争议的过程中，行政检察工作不仅关注个案的公平正义，还注重从系统层面推动问题的根本解决。行政检察一方面监督法院公正司法，另一方面督促行政机关依法行政，通过多元化纠纷解决方式推动实现系统治理、源头治理。本案中，检察机关通过深入调查、协调沟通等方式，积极参与溯源治理，从源头上解决了涉案疑难问题。这种由点到面、由表及里的治理方式，有助于实现系统治理的目标，防止制度法治出现系统性失灵。此外，检察机关在该案中展现了主动担当的责任感。通过行政检察的刚性监督方式积极处理好涉案争议的合法性问题，并对后续相关事宜予以持续跟进解决，检察机关发现了违反上位法的新农合补偿方案和相关规定的适用问题，并主动协同相关行政主体以及司法机关协调沟通，切实解决了行政规范性文件的合法性问题。这种由点及面的行政检察机制，不仅及时、有效解决了个案问题，更推动系统性治理的落实。而在这背后，是众多检察官的默默奉献和辛勤努力。有了这些具有示范意义的案例和出类拔萃的检察官作为支撑，笔者坚信中国的行政检察事业定能持续稳健发展，为社会的和谐稳定与法治建设的不断前进提供有力支持。

　　该案例是行政检察工作推动民生保障的典型范例，其深刻揭示行政检察工作既要聚焦于个案的公平正义，确保每一个案件都能得到妥善处理；又要从系统层面出发，致力于推动深层次问题的解决，以实现法治环境的整体优化。为构建更加公正、有序的社会秩序贡献力量。在未来的工作中，我们应当继续秉承这种精神，以更加饱满的热情和坚定的信念，努力推动行政检察事业不断向前发展，为法治中国建设贡献积极力量。

人大代表点评

检察机关"小案"不小办，件件系民心

何中林*

祝贺"杨某某诉某市医疗保障局劳动保障行政给付检察监督案"入选 2023 年度十大行政检察典型案例。从案件中，可以深刻感受到检察机关"小案"不小办，件件系民心的为民情怀和检察担当。医疗保障一直都是人民健康幸福生活、社会和谐稳定的"压舱石"，医有所保，才能兜牢民生之底线。检察机关坚持人民至上，通过提请抗诉、检察建议、公开听证、司法救助等形式，不断以更优履职办好群众身边"小案"，切实解决人民群众的操心事、烦心事、揪心事，充分体现某市行政检察不断做实做深，更彰显了人民国家之情、人民立法之义、人民司法之本。每一个案件都有一份人民群众的期待，每一个案件又是一份人民检察院为民司法的答卷，作为一名人大代表，我在每一件检察案件中对人民至上的感受也越来越深、越来越具体，为某市检察工作点赞！

---

* 何中林，第十四届全国人大代表、湖北融通高科法人代表。

9. 某市交通运输局罚款类行政处罚行政非诉执行检察监督案

【关键词】

行政非诉执行　交通运输　罚款　行政处罚

【案例简介】

广东省某市检察院按照某市委依法治市办关于开展"行政处罚执行情况专项法治督察"的工作部署,通过审查人民法院对市交通运输局行政非诉执行案件的裁判文书,并与市财政局应收未缴非税收入数据、市交通运输局行政执法数据进行比对、碰撞,发现该批案件线索。某市检察院经调查,市交通运输局办理的行政处罚案件因存在事实认定错误、违法证据不充分、处罚对象错误等问题,被人民法院裁定不准予强制执行,但该局收到不准予裁定书后,在法定期限内未申请复议,其后也未及时对涉案行政处罚决定进行处理,未在执法环节形成闭环,行政相对人也一直背负行政违法信息记录,对其权益造成损害。

检察机关针对上述问题制发检察建议书,建议一是完善行政执法程序,二是完善行政非诉案件申请强制执行工作机制,三是加强工作衔接推进执法办案形成闭环。同时,检察机关形成《关于行政处罚执行情况开展检察监督工作的报告》,向市委依法治市办作专项报告,还形成《检察机关开展行政处罚执行情况专项检察监督建议从四个方面推动行政执法法治化规范化建设》情况反映,被市委《信息快报》采编刊发。

市交通运输局收到检察建议书后,采纳建议意见,依法撤销64件被裁定不准予执行的案件,撤销处罚金额22.7万元。从健全完善行政执法相关程序、申请强制执行程序、强化案件闭环管理、有效保障行政相对人合法权益等方面,形成16项整改措施,在制度机制方面逐项优化落实。此外,双方还建立《关于加强行政检察与交通运输行政执法衔接工作的意见》工作机制,以高质量法律监督助推交通运输行政执法规范化建设。

【典型意义】

检察机关围绕道路交通安全与运输执法领域专项监督主题,融入地方党委法治先行示范城市建设中心工作，积极探索检察监督与市委专项法治督察工作的衔接，立足行政检察职能定位开展专项监督。通过行政非诉执行监督，充分发挥"一手托两家"作用，对人民法院裁定不准予执行的行政非诉案件，以检察建议的方式，督促交通运输部门撤销行政处罚决定，依法规范执法，有效保护当事人合法权益。建立健全行政执法与法律监督衔接机制，以高质量检察监督推动交通运输高质量发展。

📝 **办案心得体会**

以个案办理为小切口，把专项办理转化为社会治理效能

陈燕玲*

"某市交通运输局罚款类行政处罚行政非诉执行检察监督案"获评2023年度十大行政检察典型案例，并被写入最高检《行政检察白皮书》(2023)，代表着最高检对广东行政检察工作的认可。这不仅是一份荣誉，案例的评选过程更是一次对案件办理的总结、提升。现就该案件办理情况，谈以下四点心得体会。

一、主动对接党委法治督察，通过强化党委领导提升行政检察监督质效

作为市委依法治市委员会成员单位，我院主动向市委依法治市办报告，推动将行政处罚执行情况纳入市委专项法治督察，并将交通运输执法领域非诉执行作为监督重点，统筹落实最高检关于加强道路交通安全和运输执法领域行政检察监督工作部署。从确定监督范围，制定法治督察方案，履行法律监督职能，制发检察建议，形成专题报告，撰写情况反映，切实把党的领导贯穿行政检察工作全过程各方面，将坚持和加强党对行政检察工作的领导与做实行政检察监督紧密结合，把党的领导转化为行政检察的强大效能，将法律监督工作纳入党委工作大局，融入地方党委法治先行示范城市建设中心工作，积极探索检察监督与市委专项法治督察工作的衔接，为行政检察监督提供了坚强支撑。

二、强化系统观念，加强类案监督，树立"个案办理＋专项监督＋类案建议＋分析报告"融合监督理念

检察机关对履行法律监督职责中发现的普遍性问题，认真研究分析，找准深层次社会治理问题，以办理个案作为切入点，开展专项监督，并把

---

* 陈燕玲，广东省深圳市人民检察院第五检察部四级高级检察官。

专项监督转化为社会治理效能。我院以市交通运输执法领域作为小切口，开展交通运输领域行政处罚非诉执行监督"小专项"，通过审查人民法院对市交通运输局行政非诉执行案件的裁判文书，并与市财政局应收未缴非税收入数据、市交通运输局行政执法数据进行比对、碰撞，发现市交通运输局办理的部分罚款类行政处罚案件因存在事实认定不清、法律适用错误、程序违法等问题，被人民法院裁定不准予强制执行，行政机关收到裁定后，既未在法定期限内申请复议，也未对涉案行政处罚决定进行处理，导致行政相对人一直背负行政违法信息记录，合法权益受到损害。我院由此开展专项监督，制发类案检察建议，形成专题报告报送市委依法治市办，撰写情况反映上报市委，并被市委《信息快报》采编刊发。同时，市委依法治市办将监督结果在全市通报，督促相关单位积极整改，进一步拓展监督成效，促进一类问题的集中解决，并被最高检评为"全面深化行政检察监督依法护航民生民利"专项活动中的道路交通安全和运输执法领域优秀特色"小专项"，予以通报表扬。

三、贯彻以人民为中心的发展理念，着力加强公民和市场主体合法权益保护

本案中，行政相对人因行政机关未正确履行职责，一直背负行政违法记录，合法权益遭到损害。我院充分发挥行政检察"一手托两家"的职能作用，通过行政非诉执行监督，对人民法院裁定不准予执行的行政非诉案件，以检察建议方式，督促交通运输部门撤销错误行政处罚决定。其中，61件行政相对人为交通运输企业，有力维护了法治化营商环境。

四、加强与行政机关沟通协作，强化行政检察与行政执法衔接

在办案中，我院多次与行政机关就案件背后反映出来的执法不规范、机制不健全等深层次原因进行沟通。在发出检察建议前充分听取并尊重行政机关意见，积极沟通磋商达成共识；在发出检察建议后，注重保持协调联络，持续跟进监督，确保建议落地落实。我院与市交通运输局还会签了《关于加强行政检察与交通运输行政执法衔接工作的意见》，推动行政执法办案形成闭环，为道路运输领域规范执法提供制度保障。

专家点评

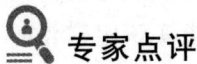

类案监督助推检察机关高质效办案

李 霞[*]

类案监督是检察监督权行使过程中工作方式方法的拓展。它是相对于个案监督而言的，针对的是相似的一类个案，指向带有普遍性和倾向性的问题。[①] 类案监督有助于提高监督质效，有助于检察机关积极发挥参与社会治理的职能。[②]《人民检察院行政诉讼监督规则》对检察机关开展类案监督予以了明确，规定检察机关可以通过类案检察建议等方式，推动同一类问题得到根本解决。但根据《行政检察工作白皮书（2023）》披露的数据，行政检察实践中类案监督尚在起步阶段。[③] "某市交通运输局罚款类行政处罚行政非诉执行检察监督案"是针对系列行政非诉执行案件实施的监督，是类案监督的优秀典型案例。检察机关从行政处罚非诉执行个案入手，延伸至行政执法类案监督治理，取得了良好的办案效果，具有丰富的法治价值和启示。

一、拓展行政检察的领域，探索其在国家监督体系和法治政府建设中的角色定位

行政检察是检察权监督审判权和行政权的制度安排，其根本价值是要在监督国家公权力、树立检察权威和保障公民权利之间寻求平衡。

---

[*] 李霞，中国社会科学院法学研究所宪法与行政法研究室主任、研究员。

[①] 参见王磊、汪佳妮：《行政检察类案监督目标指向与价值功能》，载《检察日报》2021 年 4 月 12 日。

[②] 刘品新：《大数据检察以类案为思维方式》，载《检察日报》2022 年 6 月 27 日。

[③] 根据《行政检察工作白皮书（2023）》中的数据，行政类案监督等案件 3334 件，仅占比 4.2%。同时，行政执行活动监督发展迅速，行政非诉执行监督占主导。2022 年受理行政执行活动（含非诉执行）监督案件 42448 件，年均增加 55.8%；2023 年受理 35933 件，同比下降 15.3%。其中，行政非诉执行活动监督 34938 件，占 97.2%。参见最高人民检察院网，载 https：//www.spp.gov.cn/xwfbh/wsfbh/202403/t20240309_ 648229. shtml。

"某市交通运输局罚款类行政处罚行政非诉执行检察监督案"中，某市人民检察院通过审查人民法院对市交通运输局行政非诉执行案件的裁判文书，发现市交通运输局办理的行政处罚案件因存在事实认定错误、违法证据不充分、处罚对象错误、法律文书送达等问题，被人民法院裁定不准予强制执行，但市交通运输局在收到不准予裁定书后，在法定期限内未申请复议，也未及时对涉案行政处罚决定进行处理，执法环节未形成闭环，行政相对人一直背负行政违法信息记录，对其权益造成损害。针对上述问题，某市人民检察院向市交通运输局发出检察建议书，建议完善行政执法程序，完善行政非诉案件申请强制执行工作机制。

这一案例充分表明，某市检察机关依法履行行政诉讼监督职能，把个案公正"治标"和类案监督"治本"结合起来，把对行政审判权的直接监督和对行政执法权的间接监督结合起来，把诉讼内监督与诉讼外监督结合起来，在切实履行传统的行政诉讼监督职能的同时，积极拓展行政检察的领域；在办好行政诉讼监督案件的基础上"逆流而上"，实行"穿透式"的追溯治理、源头治理；在督促行政机关消除交通领域行政执法中的漏洞、隐患和顽疾的同时，有效保护当事人合法权益，较好地提升了交通领域行政处罚的规范化、法治化水平。透过这一类案监督，我们看到，行政检察的角色和功能，已呈现出由个案向类案、由案内向案外、由被动向主动、由监督向预防、由案件办理向系统治理转型升级的态势。

二、着眼依法治市大局，实现行政检察监督政治效果、法律效果和社会效果的统一

某市检察机关对交通运输领域罚款类行政处罚行政非诉执行实行检察监督，是全国检察机关行政检察部门开展行政非诉执行监督专项活动的一部分，也是对依法治市办关于开展"行政处罚执行情况专项法治督察"工作部署的落实。该案涉及公权主体众多，包括某市依法治市办、市委办公厅、市检察院、市法院、市交通运输局、市财政局，等等。某市人民检察院除了向市交通运输局发出检察建议书外，还以专项监督为切入口，形成《关于行政处罚执行情况开展检察监督工作的报告》，向市委依法治市办作了专项报告，同时形成了《检察机关开展行政处罚执行情况专项检察监督建议从四个方面推动行政执法法治化规范化建设》情况反映，报送市委办公厅，并被市委《信息快报》采编刊发。

依托市委领导下的"行政＋审判＋检察"沟通协调机制，某市检察机关将行政检察监督正确地定位为平行国家机关之间一种提请、提起、建议式的监督，不追求传统意义上的"刚性"，而是指出和纠正执法和司法不同环节、程序中存在的错误，警示和防范潜在的违法行为和不当处理。检察机关与各执法司法部门形成了良性、互动、积极的工作关系，既针对性改进行政检察监督工作，又促进和帮助各执法司法部门更好履职。在敢于监督、善于监督的基础上，把政治智慧与法治方式结合起来，既落实政策要求，又坚持法治原则，同时注意方式方法。通过制发检察建议等方式，督促交通运输部门撤销行政处罚决定，并建立健全了行政执法与法律监督衔接机制。某市交通运输局收到检察建议书后，全面采纳建议意见，组织全局开展专题研究，梳理任务清单，依法撤销 64 件被人民法院裁定不准予执行的案件，撤销处罚金额 22.7 万元。从健全完善行政执法相关程序、申请强制执行程序、强化案件闭环管理、有效保障行政相对人合法权益等方面，形成 16 项整改措施并逐项优化落实。某市检察机关与市交通运输部门还建立了《关于加强行政检察与交通运输行政执法衔接工作的意见》工作机制，以高质量法律监督助推交通运输行政执法规范化建设。行政检察监督取得了很好的政治效果、法律效果和社会效果，实现了双赢多赢共赢。

三、树立法律监督的思想认同，筑牢执法司法的共同理念

"法律监督"是一种源于宪法的宪制职能，旨在监督宪法法律统一正确实施、促进政令通畅和维护中央权威。[1] 行政检察肩负着促进审判机关依法审判和推进行政机关依法履职的双重责任，承载着解决行政争议、保护行政相对人合法权益的神圣使命。[2] 在行政检察中，作为监督机关的检察院，与作为被监督机关的法院和交通运输行政管理部门等，在坐标图中所处的象限虽然不同，但都是党领导下全面依法治国的重要职能部门，必须树立共同的执法司法理念，对法律监督形成统一的思想认同，才能确保法律统一正确实施、相对人权益得到切实维护。

---

[1] 秦前红：《两种"法律监督"的概念分野与行政检察监督之归位》，载《东方法学》2018 年第 1 期。

[2] 参见《行政检察工作白皮书（2023）》，载最高人民检察院网，https：//www.spp.gov.cn/xwfbh/wsfbh/202403/t20240309_ 648229. shtml。

"某市交通运输局罚款类行政处罚行政非诉执行检察监督案"中行政检察监督的有效推进和监督效果的充分显现，很大程度上得益于各部门"严格执法、公正司法"这一共同的价值追求和履职取向。某市人民检察院向市交通运输局发出的检察建议书和市交通运输局针对这一检察建议书的回函，充分体现了这一点。检察建议主要有三点：一是完善行政执法程序。在行政执法环节，严格落实行政执法公示、执法全过程记录、重大执法决定法治审核制度，严格落实告知、送达规定，在执法源头确保行政处罚依法依规。二是完善行政非诉案件申请强制执行工作机制。在申请执行环节，严格按照法律规定依法及时向人民法院申请强制执行，避免因履职不及时导致行政处罚落实不到位。三是加强工作衔接推进执法办案形成闭环。涉及法院裁定不予执行的案件，完善执法内部监督机制，建立行政执法案件"回头看"长效机制。某市交通运输局的回函对于检察建议书中提到的问题和要求都有明确回应，并清晰反馈了针对性整改的举措和效果：一是以确保执行为目标，全面转变思路和方法，申请强制执行工作实现再突破。罚款金额为200元及以下案件全部进入申请强制执行程序，裁定准予案件执行立案进度全面推进。二是以促进案件质量提升为目标，确立闭环思维，执法行为规范持续加强。优化流程，严控时限，案件办理周期更加紧凑；科技赋能，标准严格，文书送达工作不断完善；分级培训，多重考核，案件调查取证更加扎实；源头对接，重在整改，后续监管措施切实加强。三是以打击逃避处罚行为为目标，加强信息互通和写作互动，当事人注销工商登记的预防机制正在形成。预防为主，全程监控，商事主体注销后作出行政处罚决定的情况得到防范；明确思路，固化模式，追回或变更被执行人的工作机制初步形成。四是进一步完善工作机制，优化工作方法，执法权威持续增强。刚柔并举，审慎包容，在保持执法力度的同时体现执法温度；细处入手，分类推进，案件执行效果持续提升；前端发力，多元化解，小金额案件执收难题有效破解。五是进一步完善执法机制，强化执法监督，依法履职能力全面提升。巩固机制，规范行为，依法办案理念全面落实；以人为本，遵循案情，行政相对人合法权益得到保障；强化监督，严守底线，依法履职能力稳步增强。六是进一步协同办案机制，加强横向沟通，案件闭环办理理念落到实处。加强联动，共享线索，多部门协调办案机制深入实施；源头防范，立足长效，以注销工商登记逃避行政处罚的预防机制有效推进。市交通运输执法支队向各处和交通大队、站发出了《关于进一步规范执法文书送达工作的通知》。同时，行政检察监督的有效推进，也很好地弥合了此前存在的法院裁判和行政机关执法行为之间的一些罅隙，反过来进一步筑牢了法律职业共同体的共同价值取向和使命担当。

要确立共同价值和理念，必须学懂弄通做实习近平法治思想，从中领悟共同的执法司法价值追求和使命担当，形成共同的履职取向。严格执法、公正司法最终的目的，都在于把党的法治事业建设好，把人民的根本利益维护好。《中共中央关于加强新时代检察机关法律监督工作的意见》明确提出："统一执法司法理念和办案标准尺度。"检察机关和执法机关要共同落实，一体学习贯彻习近平法治思想，一体强化社会主义法治理念，提升整体专业能力。① 坚持依法能动履职、服务大局、司法为民，加强对类案的研究，通过办案提出精准检察建议，实现"办理一案、治理一片"的良好效果。"某市交通运输局罚款类行政处罚行政非诉执行检察监督案"，可以作为执法司法机关践行共同价值和理念的典型案例。

四、结合传统监督办案方式，通过技术赋能推进"数字检察"

要运用大数据提升国家治理现代化水平。检察机关是实现国家治理体系和治理能力现代化的重要参与者和保障力量。顺应数字化技术发展趋势，数字检察、大数据法律监督已经成为实现行政检察监督办案理念、体系、机制、能力现代化的"自变量"，成为破解传统监督办案方式被动性、碎片化、浅层次等问题的重要工具。全国各级检察机关依托检察业务应用系统 2.0、检察案例库、检察文书库、检答网、正义网、正义智库等，用足检察内部数据并逐步延伸运用行政执法、行政审判等外部数据，积极搭建信息化平台和数据互通互联机制。②

"某市交通运输局罚款类行政处罚行政非诉执行检察监督案"中，检察机关通过审查人民法院对市交通运输局行政非诉执行案件的裁判文书，并与市财政局应收未缴非税收入数据、市交通运输局行政执法数据进行比对、碰撞，发现了该批案件线索。检察机关通过打通司法与行政数据壁

① 张军：《加强新时代检察机关法律监督工作 助力书写法治中国建设新篇章》，载《学习时报》2021 年 10 月 8 日，第 1 版。
② 参见《行政检察工作白皮书（2023）》，载最高人民检察院网，https://www.spp.gov.cn/xwfbh/wsfbh/202403/t20240309_648229.shtml。

垒，发现了监管漏洞。行政与司法之间客观存在的数据壁垒常受诟病，通常会导致部门之间相互衔接不畅通、协同不及时、责任落实不到位的情形。行政检察通过对接检察业务数据、行政执法数据、审判机关数据，建立大数据平台，形成数据池，对数据进行分析研判，逐步消除因数据鸿沟造成的监管盲区。

在数字技术的加持下，某市检察机关运用整体观、系统观，打破就案办案的惯性思维，推动"业务数据化"转向"数据业务化"，通过小切口突破，挖掘个案背后可能存在的共性问题和一般特征，来梳理监督规则，构建数据分析模型。通过个案"小切口"，以小见大，以点带面，发现一段时间、特定领域存在的普遍性问题，积极主动地寻求有效的方法，以案促治，发出类案检察建议，实现了从个案办理到类案治理，从"办理一案"到"治理一片"的效果。此外，为了打击以注销商事主体刑事逃避行政处罚的行为，相关部门搭建了许可监管执法和司法的信息共享平台，建立了失信登记和多部门协同办案以及府检联动等制度和机制，恶意注销的漏洞也在逐步被封堵。

该类案监督是构建"个案发现—类案监督—系统治理"的行政检察监督工作机制的生动实践，为行政检察从海量数据中快速分析、高效发现监督线索提供了有益经验，具有数字赋能法律监督方面的示范意义。以后应进一步依托大数据，坚持"业务主导、数据整合、技术支撑、重在应用"的数字检察工作模式，依托检察机关业务应用系统和执法司法信息共享平台，充分挖掘运用"两法衔接"和行政违法行为监督数据资源，加强监督模型的研发、应用与推广，注重与行政机关的沟通、协调与协同，做到"一地突破，全域共享"，推动个案监督、类案整改、源头治理。

人大代表点评

着眼大局　立足本职　实现三效果相统一

陈淑贤*

本案中，检察机关立足于法律监督职责，积极贯彻落实《中共中央关于加强新时代检察机关法律监督工作的意见》和市人大常委会《关于加强新时代检察机关法律监督工作推动法治城市示范建设的决定》对行政检察的要求，主动将行政检察监督与市委依法治市办专项法治督察对接。着眼于法治政府建设大局，贯彻以人民为中心的发展理念，依托行政非诉执行监督，充分发挥行政检察"一手托两家"职能作用，对人民法院裁定不准予执行的行政处罚案件，以制发检察建议的方式，督促交通运输部门撤销错误行政处罚决定，有效维护了行政相对人的合法权益，并形成专题报告以及撰写情况反映，强化办案监督成效。本案将个案监督与类案监督相结合、行政诉讼内监督和行政违法行为监督相结合，实现了政治效果、法律效果和社会效果有机统一。

---

* 陈淑贤，第十四届全国人大代表、深圳市桑达无线通讯技术有限公司软件测试组技术主管。

10. 某信息技术公司诉某市食药监局、某市政府行政处罚检察监督案

【关键词】

过罚相当　抗诉改判　平等保护　优化营商环境

【案例简介】

2016 年 8 月，广西某信息技术公司与某医院签订《CT 球管技术维修服务合同》，合同约定某公司为某医院维修发生故障的 CT 机 X 射线管组件（以下简称球管），维修期间该公司为某医院提供了临时代用球管应急，该产品进口完税后价格是 194227.35 元。因该球管未取得医疗器械注册证，原某市食品药品监督管理局（以下简称市食药监局）对某公司涉嫌违法经营作出行政处罚决定，依据《医疗器械监督管理条例》对某公司处以 10 倍罚款 1942273.5 元。案经复议、诉讼，法院认为：市食药监局适用法定最低 10 倍的罚款并无不当，遂判决驳回某公司的诉讼请求。某公司不服，提出上诉和再审，法院以相同理由驳回。某公司向检察机关申请监督。

检察机关经调查核实，查明：市食药监局曾对同案某医院作出另一行政处罚，最终处以涉案球管货值金额 0.5 倍罚款，即罚款 97113.68 元。检察机关审查认为：根据《中华人民共和国行政处罚法》第五条的规定，行政处罚所适用的处罚种类和处罚幅度要与违法行为的性质、情节及社会危害程度相适应。某公司主观目的在于维修原球管，没有主观故意，亦积极配合调查，在纠正违法行为和社会危害性方面与广西某医院的情形一致。对比市食药监局对同一案件中球管使用单位某医院罚款数额，综合平衡考量两方当事人的处罚幅度，案涉罚款明显畸重，违反《中华人民共和国行政处罚法》规定的过罚相当和公正原则，被诉行政行为明显不当。检察机关依法提出抗诉。

法院采纳检察机关的监督意见，依法改判并责令重新作出行政处罚决定。后某市市场监督管理局决定减轻处罚，处违法经营的医疗器械货值金额 1 倍罚款，即 194227.35 元。

【典型意义】

检察机关在对行政处罚案件进行诉讼监督时，除了审查行政行为的合法性，还应对行政处罚的自由裁量是否符合过罚相当原则，进行合理性审查。对于法院裁判存在事实不清、确有错误的，检察机关应当依法监督，及时纠正错误裁判，督促行政机关统筹好执法工作和服务市场主体的关系，避免因行政处罚不当束缚企业发展，服务保障企业守法合规经营。

📝 **办案心得体会**

以精准监督、能动履职助力营造法治化营商环境

张丽丽　杨光明　钟志豪 *

党的十八大以来，党和国家高度重视优化营商环境工作，明确提出"打造市场化、法治化、国际化营商环境"的远景目标，突出强调"法治是最好的营商环境"。在最高人民检察院和自治区党委的正确领导下，广西检察机关持续推进习近平法治思想的检察实践，深入贯彻落实习近平总书记对广西重大方略要求，努力以高质效检察履职服务法治化营商环境建设。在办理某信息公司与某市食药监局、某市人民政府行政处罚检察监督一案中，广西检察机关立足法律监督职能，依法能动履职，努力实现司法办案政治效果、法律效果、社会效果的有机统一。现将办案中的几点体会与大家分享。

一、充分运用调查核实权，全面审查案件事实

检察机关受理该案后，发挥两级院上下联动一体履职的优势，调阅法院卷宗和关联案件法律文书，检索海量的医疗器械管理法律法规和同类案例，函询相关技术专业问题，主动走访相关单位调取证据材料。另查明原市食药监局曾对同案中使用涉案球管的某医院作出另一行政处罚，处以涉案球管货值金额 0.5 倍罚款 97113.68 元。

二、依法提出抗诉，精准监督

根据《行政处罚法》第 5 条的规定，行政处罚所适用的处罚种类和处罚幅度要与违法行为的性质、情节及社会危害程度相适应。某信息公司主

---

　* 张丽丽，广西壮族自治区人民检察院第七检察部副主任、四级高级检察官；杨光明，广西壮族自治区人民检察院南宁铁路运输分院检察委员会专职委员、第四检察部主任、三级高级检察官；钟志豪，广西壮族自治区人民检察院南宁铁路运输分院第四检察部副主任、二级检察官助理。

观目的在于维修原球管，没有主观故意，亦积极配合调查，在纠正违法行为和社会危害性方面与某医院的情形一致。对比市食药监局对同一案件中球管使用单位某医院罚款数额，综合平衡考量两方当事人的处罚幅度，案涉罚款明显畸重，违反行政处罚法规定的过罚相当和公正原则。检察机关依法提出抗诉。再审法院采纳检察机关的监督意见，依法改判并责令重新作出行政处罚决定。

三、开展释法说理和案件回访，落实"高质效办好每一个案件"

在审查过程中，检察机关组织各方当事人召开案件化解协调会，宣讲医疗器械管理法律法规，做好释法说理工作。法院再审改判后，检察机关主动及时到某信息公司进行回访。2023 年 2 月 20 日，某市市场监督管理局决定减轻处罚，处违法经营的医疗器械货值金额 1 倍罚款 194227.35 元。某信息公司正常开展经营活动。

四、严格把握司法办案"三个效果"的有机统一

一是围绕中心大局突出政治效果。在履职过程中坚持政治引领，主动服务和融入党和国家工作大局，将涉企案件办理与护航法治化营商环境结合起来，充分运用法治力量服务中国式现代化，为大局服务、为人民司法、为法治担当。二是坚持精准监督突出法律效果。在对行政处罚案件进行诉讼监督时，除了审查行政行为的合法性，还应对行政处罚的自由裁量是否符合过罚相当原则进行合理性审查。三是力促争议化解突出社会效果。在案件审查过程中注意做好案件释法说理，在再审改判后及时跟进回访，持续推动行政争议实质性全过程化解。

专家点评

最好的营商环境需要检察机关共同构建

薛 峰*

徒法不足以自行。习近平总书记在中国政法大学考察时曾明确指出法律的生命力在于实践，法律的实施在于人。

本案中彰显了检察机关的智慧和担当，存在个案公平、法治国家和中国式现代化三个维度的亮点。

第一，贯彻落实行政处罚法的过罚相当原则，实现教育与处罚相结合。行政处罚是对行政相对人作出减损权益或增加义务的惩戒行为，对行政相对人产生重大的影响，《行政处罚法》第5条第2款规定，设定和实施行政处罚必须以事实为依据，与违法行为的事实、性质、情节以及社会危害程度相当，该原则要求行政机关应当综合考虑违法行为的情节轻重，当事人违法故意的主观恶性程度以及社会危害程度等因素。在裁量行政处罚的幅度时做到过罚相适应，该规定涉及裁量权的行使，最能体现执法和司法的智慧。本案中根据2014年《医疗器械监督管理条例》第63条的规定，经营未取得医疗器械注册证的医疗器械处以货值金额10倍以上20倍以下的罚款，市食药监局选择10倍的罚款已经是法定幅度内最低的幅度，在考虑该处罚幅度时，行政机关想必已经考虑了该公司没有违法主观故意以及积极配合办案机关的调查等因素，但是对于一个仅仅获得1700元左右的使用费，其目的在于维修原球管过程中临时租用的行为处近200万元的罚款实难令人感受到公平正义，也不能被社会公众所接受。行政处罚法规定，当事人存在主动消除和减轻违法行为后果的、受他人胁迫或诱骗实施违法行为的、主动供述行政机关尚未掌握的违法行为的、配合行政机关查处违法行为有立功表现的，以及法律法规规定的从轻减轻处罚的，可以予以从轻或减轻处罚。根据该条的规定，可以在法定幅度以下进行处罚，

---

* 薛峰，北京金融法院副院长。

同时 2021 年《行政处罚法》第 33 条还新增了首违不罚的规定，适用这些法律体现的执法者和司法者的担当，也实现了司法诉诸规则的使命，执法实践中为什么较少使用《行政处罚法》第 32 条的规定呢？原因是多方面的，但在本案中充分体现了检察机关的担当作为，食药监局为了大众的健康安全，严格执法的态度值得肯定。众所周知，在医院做 CT 检查费时耗力，本案中某企业为了检修 CT 机器，临时使用未取得医疗器械注册证的球管应急并收费 1700 余元，固然违法，但为此被罚款 194 万余元，的确不好理解。综合考虑后，检察机关及时提出监督意见，最大限度降低了处罚对企业正常生产经营活动的不利影响，实现过罚相当，实质化解了行政争议，依法保护了民营企业的产权，体现了政治效果、法律效果与社会效果统一。

第二，彰显了法律面前人人平等的法治原则。同案同判是法律面前人人平等法治原则的应有之义，是公众对于执法和司法公正与否的朴素判断，同时也是对于前诉行政机关行使自由裁量权的限制。本案中检察机关充分发挥主观能动性，找到了本案极其相似的案例，支撑了己方的观点，增加实例支持结论。当然也需要注意的是，执法标准的统一并不意味着不考虑个案因素，并非相似案件的处理结果都应该完全一致，北京也有类似的案件，也是改变了原行政处罚，都得到了法院和社会公众的认同。但这并不意味着所有相似案件都要作出这种变更，必须考虑不同案件的不同情形，既要考虑不同案件的不同情形、保证行政监管目标的实现，又要兼顾保护行政相对人的合法权益，以达到行政执法的目的。

第三，体现了执法和司法朝着建立完善社会主义市场经济体制方向推进。推进中国式现代化是一项前无古人的开创性事业，需要进一步完善社会主义市场经济体制。政府和市场的关系是我们经济体制改革的核心，充分发挥市场和资源配置作用的决定性作用，更好发挥政府作用，推动有为政府和有效市场更好地结合，实现公平和效率兼顾。通过市场化、法治化、国际化的营商环境，为市场主体提供更多支持和服务，构建更高水平的有效市场和有为政府。法治是最好的营商环境，能够保护企业的合法权益，规范行政权的行使。确保公平竞争的市场环境，是优化营商环境的核心要素，只有在每一起案件处理中依法作出公平公正的裁判，保护各种市场主体的合法权益，让市场主体真切感受到公平正义就在身边，才能充分发挥法治固根本、稳预期、利长远的重要作用。

人大代表点评

检察监督促营商，过罚相当显公平

邓大玉*

营商环境是企业生存发展的土壤。习近平总书记在中央全面依法治国委员会第二次会议上强调，"法治是最好的营商环境"。2023年，最高检在全国检察机关部署开展行政检察护航法治化营商环境"小专项"活动。广西检察机关深入贯彻落实习近平法治思想，切实把优化法治化营商环境融入行政检察监督工作全过程、各方面，助力实现广西经济社会高质量发展。结合本案具体情况，谈三点体会：

一是行政机关执法既要讲力度，也要讲温度。市场监管部门在依法加强保障医疗器械管理秩序的同时，也要为市场主体的生存创造良好的环境。行政机关应积极提高依法行政的意识和水平，除了依法处罚，还要坚持过罚相当原则，做到处罚有度、公平处罚、合理处罚。

二是检察机关坚持敢于监督、善于监督，以高质效检察履职服务法治化营商环境建设。检察机关在查明事实的基础上，没有孤立、片面地适用法律，通过依法抗诉，充分保障了市场主体的合法权益，既纠偏了处罚结果，也推进行政机关依法行政，从而推动了法治政府建设。

三是法院依法改判，实现了法律效果和社会效果的统一。这一判决不仅达到了个案的过罚相当和公平处罚，也以案例说法的形式，改变了涉及市场主体行政处罚中，行政执法"一罚了之"的片面执法、机械执法的现象，为今后类似执法适用减轻、免除行政处罚提供了法律路径。

---

* 邓大玉，第十四届全国人大代表、广西科学院乡村振兴与优势特色产业研究院院长。

2023年度行政检察优秀案例

1. 涉刑企业行政监管不到位行政违法行为检察监督案

【关键词】

涉刑企业行政监管　类案监督　大数据模型　营商环境

【案例简介】

北京市人民检察院第三分院在办理当事人诉某区市场监管局发放营业执照市场准入行为行政生效裁判监督系列案件以及张某、某公司单位行贿一案的涉刑企业行政监管法律监督案中，发现行政机关因信息壁垒对涉刑事犯罪企业行政监管不到位问题存在普遍性，如涉刑事案件企业管理人员因非法吸收公众存款罪或单位行贿罪被追究刑事责任，企业超出核准登记经营范围从事非法活动等，并被列入经营异常名录和严重违法失信企业名单，市场监督管理局未依法履行相应监管职责予以吊销营业执照，导致前述企业工商登记仍为存续状态。此外，企业管理人员因破坏社会主义市场经济秩序等被判处刑罚后仍违法担任公司法定代表人、董事、监事及高级管理人员，相关企业未变更登记备案。以此为基础，北京市检三分院行政检察部门联合经济犯罪检察部门建立涉刑企业行政监管法律监督模型。通过调取刑事生效裁判数据、企业工商登记数据、行政监管信息数据等，筛查涉刑企业未被吊销营业执照和企业未对不符合任职资格条件人员进行变更登记、备案的数据，监督行政机关监管不到位的情形，督促行政机关及时启动涉刑事犯罪企业的市场退出机制。发现辖区内涉刑企业线索316件，向市场监管局等部门制发检察建议，涉及25家企业中，7家被吊销营业执照或注销，5家被标注除名，新增14条异常经营记录。经优化大数据模型，拓展大数据模型应用场景，就2017年以来全市涉金融犯罪企业数据进行比对，筛出涉刑企业线索75条，就此向市场监督管理局制发《情况通报》。市场监督管理局对通报事项分析研判，逐一梳理排查被通报企业，提升监管效能。

【典型意义】

检察机关在办理个案中发现"涉刑企业行政监管"的监督切口，设计大数据模型捕捉行政检察监督类案背后的社会治理漏洞，运用检察建议和情况通报等方式，打通个案办理与社会治理的共治渠道，督促相关职能部门依法履职，对"带病"企业开展及时、有效的行政监管，维护市场秩序。

2. 赵某诉高速交警某大队高速路超速行政处罚检察监督案

【关键词】

行政生效裁判监督 交通运输 高速路段限速 类案监督

【案例简介】

赵某因驾驶小轿车以每小时 75 公里的速度通过河北境内某高速山区路段，受到罚款 200 元、记 6 分的行政处罚。赵某认为该高速路段限速 60km/h 不符合法律规定，提起行政诉讼，请求撤销该行政处罚决定。某区人民法院认为涉案路段的时速设置系综合考虑设定，行政处罚决定并无不当，判决驳回赵某诉讼请求。赵某上诉后，某市人民法院认为行政处罚决定依据不足，判决撤销一审判决及涉案行政处罚决定。高速交警某大队申请再审未获支持，向某市检察院申请监督。

某市检察院审查认为，法院终审判决并无不当，且涉案高速 60km/h 的限速设置，与《道路交通安全法实施条例》第 78 条"高速公路应当表明车道的行驶速度，最高车速不得超过每小时 120 公里，最低车速不得低于每小时 60 公里"的规定明显冲突，遂将线索移交某区检察院行政检察部门办理。某区检察院经调查核实查明：终审决生效后，涉案路段仍全程限速 60km/h，高速交警某大队仍以此为标准陆续作出行政处罚决定，其中尚某等人不服处罚，已诉至人民法院。

为厘清涉案 60km/h 的限速设置合法性问题，某区检察院组织召开公开听证会。听证员发表评议意见，认为高速 60km/h 的限速设置违反上位法，相关行政处罚决定依据不足。高速交警某大队接受了检察机关和听证员的意见，当场表示接受法院判决，并在听证会后撤回监督申请。

检察机关认为，高速交警某大队在判决生效后继续在同路段作出相同处罚，与生效判决相冲突，遂向高速交警某大队提出检察建议。建议其撤销并停止同等情况行政处罚，提升服务理念，改善辖区高速公路通行条件，科学设定限速值。高速交警某大队采纳检察建议，撤销了尚某等同类行政处罚 6200 余件。目前涉案路段正在进行改造提升，设计时速拟定为

80km/h。

【典型意义】

道路交通安全关系人民群众切身利益。检察机关通过个案办理，以同步检察监督针对高速限速违反上位法问题发出纠正违法检察建议，解决同类违法行政处罚案件，推动对高速路限速行政处罚依据的修改完善，有效促进行政机关依法行政，严格规范执法，助推社会治理法治化水平提升，满足人民群众的法治新需求。

3. 某公安分局强制隔离戒毒行政违法行为检察监督案

【关键词】

强戒期限　撤销强戒决定　执行剩余期限　检察建议

【案例简介】

杨某因吸毒成瘾被某市公安局某城分局（以下简称某城分局）强制隔离戒毒 2 年，在强制隔离戒毒期间，因涉嫌贩卖毒品罪被该分局执行逮捕带离出所，后被判处有期徒刑 1 年。杨某刑满释放后某城分局未将其转送回原戒毒所继续执行剩余强制隔离戒毒期限。后杨某因再次吸毒被某市公安局某区分局（以下简称某区分局）查获，又被该分局处以强制隔离戒毒 2 年。某市某区检察院受案后，经审查认为，杨某刑满释放后，某城分局未及时将其转送回原戒毒所继续执行剩余戒毒期限导致杨某脱管，某区分局在查获杨某后未对其原强制隔离戒毒决定执行情况进行详细调查，径直重新作出强制隔离戒毒 2 年的决定。上述两公安机关的行为均违反了《戒毒条例》、公安部《关于对涉刑强制隔离戒毒人员剩余强制隔离戒毒期限继续执行有关问题的批复》的相关规定，某区检察院依法分别向两公安机关制发检察建议，某区公安分局回复撤销了对杨某的强戒决定，某城公安分局回复将杨某送回原戒毒所继续执行剩余九个月零八天的强制隔离戒毒期限。此外，某市检察院开展类案监督，对辖区司法行政强戒所因刑事犯罪被依法带离的强戒人员逐一核查，发现 9 名人员存在类似情况，遂向相应公安机关制发检察建议，督促及时收戒。目前，该 9 名人员均被送回原戒毒所继续执行剩余期限。

【典型意义】

强制隔离戒毒作为一种典型的较长时间内限制公民人身自由、较为严厉的行政强制手段，如果缺乏有效外部监督，可能会导致权力滥用，出现侵犯戒毒人员合法权益等问题。检察机关加强对强制隔离戒毒全过程和各环节的法律监督，有利于维护公民的合法权益和戒治秩序，维护行政决定的执法公信力和执法权威。此外，在监督强制隔离戒毒所的同时，可以通过强制隔离戒毒所反向监督上游办案机关，实现对涉毒工作的双向监督，推动涉毒执法规范化的溯源治理。

4. 张某诉某旗社保中心工伤认定检察监督案

【关键词】

工伤保险待遇　再审检察建议　司法救助　实质性化解

【案例简介】

2011 年 3 月 26 日，内蒙古自治区阿拉善盟某旗某公司职工张某在工作时被喷出的烧碱造成眼部烧伤、角膜自溶穿孔，经鉴定伤残等级为六级。2016 年 1 月 13 日，某旗社保中心向张某支付了一次性伤残补助金 56560 元。经劳动仲裁后，张某通过民事诉讼拿到一次性就业补助金 156331 元，但张某请求支付的一次性工伤医疗补助金 156331 元经过多次行政诉讼仍未实现。最后一次行政诉讼中某旗法院审理认为，社保中心具有核定并支付工伤保险待遇的职责，该职责属被告行政权限解决的事项，不属于法院审判权所能直接解决的范围，判决驳回张某的诉讼请求，该判决生效后张某通过信访途径继续维权。

检察机关在开展护航民生民利专项活动工作中发现该案线索，经深入调查取证和公开听证后审查认为：某旗法院以不属于法院审判权所能直接解决的范围为由，未进行实体审理，直接判决驳回张某的诉讼请求不当。社保中心应当依法为张某核算一次性工伤医疗补助金，用人单位不支付的，应从工伤保险基金中先行支付，之后再向用人单位追偿。2023 年 4 月 21 日，某旗检察院向某旗法院提出再审检察建议，某旗法院予以采纳。后法、检两院积极开展行政争议化解工作，检察机关对张某司法救助 1 万元，法院组织张某与某公司就一次性工伤医疗补助金数额和赔偿标准问题达成和解协议，某公司将剩余工伤医疗补助金向张某全部支付，历时十几年的争议得到了实质性化解。同时，某旗检察院向某旗人社局发出社会治理检察建议并被采纳，人社局对辖区内类似社保费征收不规范情况进行了排查，并完善了工作机制。

【典型意义】

检察机关综合运用自行调查、公开听证、座谈磋商等方式查明案件，协调各方达成共识，通过向法院制发再审检察建议、向行政机关制发社会治理检察建议、司法救助等方式，促成跨度十余年的行政争议得到实质性化解。同时，通过高质量的检察监督消除行政诉讼"程序空转"难题，推动行政争议实质性化解，让人民群众在每一个司法案件中感受到公平正义。

5. 督促某市人社局规范公益性岗位管理检察监督案

【关键词】

两法衔接　公益性岗位　数据赋能　一体履职

【案例简介】

某市某区检察院刑事检察部门在办理伪造、变造、买卖国家机关证件罪案件过程中，发现毛某向苏某、刘某、宋某出售假证报名应聘公益性岗位，刑事检察部门认为该案可能存在行政机关履职问题，遂将案件线索移送至行政检察部门。行政检察部门经审查查明，苏某、刘某、宋某以虚假离婚证、户口簿报名应聘了公益性岗位。因涉案人员应聘的公益性岗位分属于某市不同的三个区，该院遂向上级院汇报本案，在市检察院沟通、指导下，该院向市人社局制发了检察建议，建议对案涉人员进行核查、处理。市人社局高度重视，采纳了检察建议。

后市检察院与市人社局召开座谈会，了解到该局在公益性岗位招聘过程中因为信息渠道不畅通，导致审查工作不全面等问题。市检察院通过分析研判，认为在全市范围内可能还会存在类似情况，遂调取了全市近三年录用的公益性岗位人员名单共计481人，与市公安局、市民政局取得联系，调取了公益性岗位在岗人员应聘时的户籍信息、婚姻登记信息，将三方数据进行比对碰撞，发现户籍信息不符人员5人，婚姻登记信息不符人员50人。经市人社局进一步调查核实，该55人已经全部离开公益性岗位。

为充分发挥公益性岗位援助就业困难人员作用，规范公益性岗位录用工作，市检察院联合市法院、市人社局、市公安局、市民政局共同印发《关于建立公益性岗位招聘工作信息联动保障机制的工作意见》，以机制建设有效避免利用虚假身份应聘公益性岗位的情况再次发生。

【典型意义】

公益性岗位是由政府出资设置的公共管理和服务型岗位，其初衷是为了解决困难人员或特殊群体的就业问题。检察机关通过办理伪造、变造、买卖国家机关证件案件，一体履职，运用大数据筛查售买和使用假证报考公益性岗位的违法线索，与人社部门、公安部门、民政部门利用数据信息碰撞，发现公益性岗位录用过程中的漏洞，督促行政机关规范执法，阻断违法行为人通过非法手段获得就业的机会，建立相关机制，保障就业机会公平，促进社会公益性岗位管理秩序良性运行。

6. 督促治理工程建设领域
拖欠农民工工资问题检察监督案

【关键词】

农民工工资　综合履职　特定群体权益保护　诉源治理

【案例简介】

大庆市某区人民检察院在办理邵某等 4 人与王某某劳务合同纠纷支持起诉案时，发现某公司将自己的升级改造项目发包给某建筑公司。该项目开设的农民工工资专用账户无任何交易记录，某建筑公司未与工人签订用工合同，发包单位某公司亦未对用工监督管理。根据《保障农民工工资支付条例》第 56 条、第 57 条的规定，人力资源和社会保障部门、相关行业工程建设行政主管部门应当对建设单位某公司、施工总承包单位某建筑公司的上述行为作出责令限期改正直至罚款的行政决定，但相关行政机关均未履行职责。2023 年 2 月 22 日，某区检察院分别向两个行政主管部门制发检察建议书。

针对某区检察院办案发现的情况，大庆市两级检察院对办理的支持起诉、当事人申诉的工程建设施工合同纠纷民事案件、拒不支付劳动报酬刑事案件进行梳理，梳理出工程建设领域存在农民工工资保证金未到位、未履行工程款支付担保、未签订劳动合同、未落实实名制管理、农民工工资专用账户未依法使用等导致欠薪高度风险的 6 个环节 13 个行政违法行为监督点，制发社会治理检察建议 5 份。在明晰行政机关未依法履行职责具有"各部门监管分工难确定、部分管理职责不具有可操作性、各部门之间信息不畅通"三方面成因的基础上，市检察院邀请人社、建设、人民银行等职能部门及工程项目相关企业召开座谈会，达成问题共管、信息共享的共识，共同制发《关于在保障工程建设领域农民工工资支付方面加强协作配合的暂行办法》，各主管部门认领各自职责、明确处罚权限、建立数据共享机制，将保障农民工工资支付的工程款支付担保、农民工工资支付保证金、工资专户实名制管理的行政法规和地方性规章落到实处，实现工程建设领域"拖欠农民工工资"问题的诉源治理。

【典型意义】

检察机关在办理支持起诉、建设工程施工合同纠纷、拒不支付劳动报酬案件中，通过综合履职方式，发现行政机关未依法履行保障农民工工资支付职责，进行行政违法行为监督，促进行政机关履行监管职责，同时在市级层面与相关行政主管部门制定机制，明确权限、厘清职能，使行政主管部门依规对照，各行其责，提升对工程建设相关单位保障农民工工资支付的监管质效，促进拖欠农民工工资问题源头治理。

7. 某公司、周某诉某区城管局、某街道办行政赔偿检察监督案

【关键词】

抗诉改判　行政赔偿　直接损失　赔偿金利息

【案例简介】

2000年11月底，周某受让某表带厂100%产权并成立某公司。2016年5月，该公司厂房被上海市某区城管局强制拆除，厂房内物品损毁。后该强制拆除行为被法院确认违法，某公司和周某遂起诉某区城管局及厂房所在地某街道办，要求赔偿损失及相应利息。一审法院经审理确定强制拆除行为给某公司和周某合法权益造成的直接损失，但未计算赔偿金利息。某公司、周某提出上诉、申请再审均未获支持。某公司、周某向检察机关申请监督。

上海市某检察分院依法受理并经审查认为：一是国家赔偿以赔偿直接损失为原则。国家赔偿制度坚持全面赔偿与公平合理的理念，既要体现对行政机关违法拆除的惩戒，也要确保赔偿请求人的合法权益得以保障。赔偿金要最大限度发挥救济功能，弥补因受到公权力不法侵害的行政相对人的直接损失。二是利息损失属于直接损失。自行政机关违法行为发生之日起至足额支付赔偿金额期间，行政相对人所受财产损失一直处于持续状态，必然由此产生孳息，该孳息应当属于行政相对人的直接损失范围。故法院认为赔偿金的利息并非某表带公司和周某的直接财产损失范围，系适用法律错误。据此，上海市某检察分院向上海市检察院提请抗诉并获支抗。后法院采纳监督意见，改判某区城管局支付以赔偿金数额为基数，自违法拆除日至赔偿款实际支付日期间的利息。

【典型意义】

行政机关强拆行为被确认违法后，理应及时履行赔偿义务，尽快支付违法损害赔偿金，以使赔偿金的孳息尽早归于受害人，尽可能减少受害人损失。若违法损害赔偿金不计付利息，则会使受害人的直接损失无法得到全部赔偿，甚至可能促使加害人拖延履行赔偿义务。法院未计算行政违法

行为实施后未及时支付赔偿金期间的利息，系适用法律错误。检察机关通过监督，统一此类问题的法律适用，规范行政机关行为，切实维护了作为行政相对人的民营企业及其经营者的合法权益。

8. 窦某诉某街道办、某区住房保障和房产局行政赔偿检察监督案

【关键词】

原告资格　行政赔偿　因果关系　抗诉　再审检察建议

【案例简介】

2005 年 2 月，窦某购得某小区一层商业门面房一处。2010 年 2 月，某区政府决定对该小区更新改造，责任单位为某街道办、某区房产局。相关部门未经许可审批，在该开放式小区增设围墙，并在窦某门面房门前增设停车棚，将其门面房包围在小区内部。窦某先提起民事诉讼，请求法院判令相关部门拆除案涉小区新增设的围墙、车棚。法院认为城市更新属于行政行为，窦某应提起行政诉讼，裁定驳回起诉。2013 年，窦某提起行政诉讼。法院认为，行政相对人是全体小区居民，窦某不具有诉讼主体资格，再次驳回起诉。二审、再审亦未支持。窦某申请检察监督。经南京市检察院提请抗诉，江苏省检察院认为，搭建车棚、围墙客观上影响窦某的门面房经营，窦某是利害关系人，具有诉讼主体资格，遂提出抗诉。经省高院指令再审，法院认为，案涉行政行为未经行政许可确有错误，但车棚、围墙涉及城市环境整治改造以及某小区业主全体利益，不宜拆除，判决确认相关行政机关违法。

2019 年 8 月，窦某申请行政赔偿，行政机关未予答复。窦某诉至法院。法院认为，涉案房屋的性质仍然是商业用房，窦某不能证明增设围墙后租金减少，现房屋只能居住与行政机关建设围墙没有因果关系，判决驳回窦某的诉讼请求。二审、再审均未支持。窦某向南京市检察院申请监督。检察机关认为，增设车棚、围墙影响到案涉商业用房的利用价值，案涉房屋未能以商业用房对外出租系受到违法行政行为侵害的直接后果，应予以赔偿。遂向法院发出再审检察建议。建议发出后，法院认为损失难以评估，行政机关认为赔偿需要法院判决，案件陷入僵局。南京市检察院、某区检察院经与法院沟通，一体促进化解。行政赔偿是赔偿义务机关的法定责任，可以自行决定赔偿。经与行政机关多轮沟通，行政机关决定给予

窦某一次性经济补偿 13 万元，窦某息诉。这起长达 13 年、历经 11 份裁判文书、检察机关 2 次监督的行政争议得以实质性化解。

【典型意义】

行政机关对居民小区实施城市更新存在程序瑕疵导致个别业主权益受损，个别业主属于行政行为利害关系人，可以提起行政诉讼，人民法院应予以受理。因既成事实不宜恢复原状的，应当给予受损业主合理补偿。对违法行政行为造成的损失给予公平合理赔偿是行政机关的法定责任。检察机关促进行政争议化解，可以督促行政机关依法行使职权。对于法院、行政机关长期未能纠正的错误，检察机关可以连续监督，维护群众合法权益。

9. 刘某鹏等人诉某县自规局、某街道办征收补偿安置检察监督案

【关键词】

房屋征收补偿　安置标准　促成和解

【案例简介】

2016 年 6 月，某街道办古城社区改造项目集体土地征收拆迁。同年 7 月 11 日，刘某鹏及家人 4 人将户口迁回社区，并与某县自规局下属的土地收购储备中心、街道办签订拆迁安置协议。刘某鹏腾空房屋交付拆迁。2019 年 12 月，街道办口头告知刘某鹏等 4 人不符合安置条件。刘某鹏等提起行政诉讼，请求判令某县自规局、街道办继续履行拆迁安置协议。某县法院以刘某鹏等 4 人的户口转入时间晚于拆迁安置人口截止日，不符合安置人口界定标准为由，判决驳回刘某鹏等 4 人的诉讼请求。刘某鹏等 4 人先后提起上诉、申请再审，均被驳回。刘某鹏等 4 人向检察机关申请监督。

检察机关经调查核实，查明：安置人口截止日为《拆迁实施方案》发布日，该方案载明的公布时间为 2016 年 8 月 1 日，并非方案落款时间 2016 年 6 月 27 日，刘某鹏等人户口迁回早于方案公布日。同时根据《拆迁实施方案》第 4 条特殊规定，非农业人员与其家庭成员共有的合法房屋，且其本人及现婚配偶从未享受过房改房、集资建房或购买经济适用房等属国家福利性质的住房，经公示和确认后，可以参照本方案规定予以补偿安置；刘某鹏系劳务派遣工，未享受过房改房、集资建房、福利分房或购买过经济适用房，刘某鹏等 4 人在某县没有相关不动产登记，根据该条规定亦符合安置人口认定标准。检察机关认为，原审判决认定刘某鹏等人不符合安置人口条件，主要证据不足。检察机关通过类案检索和专业咨询，获取该市同案不同判的案例，组织听证会，多次与双方沟通交流，最终促成双方达成和解。街道办继续履行原安置协议，刘某鹏撤回监督申请。困扰刘某鹏等人 7 年之久的揪心事、烦心事得到圆满解决。

【典型意义】

行政检察肩负着监督司法公正和促进依法行政的双重责任，承载着解决行政争议、维护人民群众合法权益的重要使命。在办理行政生效裁判监督案件时，首先应当查明事实、厘清是非，对于有实质性化解可能的案件，要坚持和发展新时代"枫桥经验"，充分发挥行政检察职能优势，积极能动司法，通过公开听证、释法说理等方式化解争议，督促政府履约践诺，努力推动行政争议实质性化解，促进社会和谐稳定。

10. 某旅游公司非法占地行政非诉执行检察监督案

【关键词】

行政非诉执行监督　检察建议　非法占地　优化营商环境

【案例简介】

福建省某县检察院在开展"土地执法查处领域行政非诉执行监督"专项活动中发现，某旅游公司未经批准，擅自占用土地 3829 平方米建设"红军勇士营"项目，已建成建筑面积为 1039.4 平方米。2020 年 5 月，县自然资源局对涉案公司作出拆除违法建筑物、退还土地并处罚款的行政处罚。同年 6 月，涉案公司缴清罚款，但未拆除违法建筑物。2021 年 2 月 18 日，县自然资源局向县法院申请强制执行。同月 26 日，县法院以申请人未依法随案提供强制执行标的情况材料、申请书未经行政机关负责人签名为由，裁定驳回强制执行申请。

县检察院依职权启动监督程序，经调查，涉案公司确存在未经批准，擅自占用土地的行为；被占用地所属镇系革命老区，镇政府为发展红色旅游文化，于 2019 年 6 月引进涉案公司，该公司的经营项目被确立为县红色研学项目之一。另查明，涉案地块已于 2020 年 12 月调整为允许建设区。县检察院认为，涉案公司违法占地，擅自搭建彩钢棚及对土地进行硬化，系违法建设。根据《福建省违法建设处置若干规定》，镇政府负有对本行政区域内乡村违法建设处置工作的职责。2022 年 3 月 14 日，县检察院向镇政府发出检察建议，建议其依法履职，督促违法行为人限期整改。同时，为更好化解行政争议，促进企业良性发展，鉴于涉案地块总体规划已重新调整，且涉案公司经营项目为红色旅游产业，可通过补办手续的方式进行整改。为此，县检察院召开公开听证会，参会人员均同意该整改意见。会后，镇政府承诺将协助办理好涉案地块审批手续。县检察院持续跟踪监督，涉案地块林地征占用手续、农用地转用手续等分别于 2022 年 8 月、2023 年 8 月报批完成。目前，该公司经营良好，已逐渐发展为红色教育培训基地，年接待游客量达数十万人，为当地红色文化宣传和经济社会发展作出突出贡献。

【典型意义】

我国实行土地登记审批制度，合理利用土地是我国的基本国策。土地保护与支持企业发展存在冲突时，应当坚持系统思维，寻求到最佳的解决路径。检察机关通过召开听证会，对涉案违建物是否拆除问题释法说理、听取各方意见，并达成共识，既确保了土地行政处罚落地落实，又支持企业发展，实质性化解行政争议，达到定分止争、双赢多赢共赢的最佳效果。

11. 戴某诉某市人社局工伤认定检察监督案

【关键词】

工伤认定　行民交叉　行政争议一揽子化解　融合履职

【案例简介】

沈某生前系江西省某市某物流有限责任公司（以下简称物流公司）驾驶员，但物流公司未与其签订书面劳动合同，亦未为其办理社会保险。沈某在工作时间和工作岗位突发疾病死亡后，配偶戴某申请工伤认定，某市人社局作出不予认定工伤决定。2020 年 10 月 20 日，戴某就不予认定工伤决定向某区法院起诉。某区法院一审判决确认市人社局作出的工伤不予认定决定书程序违法，不予支持其他诉求。戴某过了上诉期限后向某市中级法院申请再审，被裁定驳回。戴某向某区检察院申请监督。

检察机关经调查核实，查明：（1）沈某系在工作时间和工作岗位突发疾病，但其发病送医院抢救到抢救无效死亡达十余天，远超法律规定的 48 小时。（2）物流公司未给该企业员工办理社会保险，导致戴某未能享受职工非因工死亡社会保险待遇，物流公司亦未进行民事赔偿。（3）市人社局对物流公司未给职工办理社会保险、工伤保险登记行为系怠于履行监管职责；在办理戴某申请工伤认定案中存在程序违法情形。

检察机关经审查认为，原审判决并无不当。为实质性化解行政争议，检察机关通过司法救助、支持起诉、释法说理、公开听证等手段一揽子化解行民交叉争议，帮助企业合规整改。针对市人社局在沈某工伤认定案中的程序违法情形及怠于监管行为制发检察建议，督促其纠正。同时就个案办理反映的问题，通过数字赋能，筛查出辖区未办理社会保险企业数据，向区人社局制发督促辖区用人单位为员工办理社会保险的类案监督检察建议。区人社局采纳检察建议，向辖区用人单位下发《劳动保障监察限期改正指令书》886 份，已有 522 家企业签收整改。

【典型意义】

检察机关在办理行政生效裁判申请监督案件中对于法院判决并无不当的情形，应注重做好行政争议实质性化解的"后半篇文章"。在办案中坚持"四大检察"融合履职理念，综合运用司法救助、支持起诉、公开听证、释法说理等手段，"一揽子"解决行民交叉争议，切实解决当事人的"急难愁盼"。就办案中发现的行政违法行为监督线索，及时制发检察建议督促行政机关依法履职并建立长效工作机制，达到"办理一案、治理一片"的社会效果。

12. 某区交警大队电子驾照行政处罚行政违法行为检察监督案

【关键词】

交通安全　电子驾照　专项整治　行政违法行为监督

【案例简介】

某区检察院受依法治区办邀请参加全区法治政府督察专项行动发现，某区交警大队对实名认证通过的行政相对人仅出示"电子驾照"的行为，认定为未随车携带驾驶证并予以行政处罚，与全面依法治国进程中高效便民的行政原则和服务改革要求不相符合。2023年2月至4月，某区检察院贯彻落实最高检、省院关于加强道路交通安全和运输执法领域行政检察监督工作要求，在道路交通安全领域对公安交通管理部门开展道路交通安全执法行政检察专项监督。专项监督发现某区交警大队2021年、2022年行政处罚案件行政执法过程存在执法不规范或违法情形，涉及程序违法45处、事实认定错误6处、适用法律错误9处，35件案件存在三类8个违法点共72个问题。

针对专项监督发现的问题，某区检察院认为35件案件中多起案件存在相同违法情形，遂归纳汇总，决定类案监督。2023年5月10日，某区检察院向区交警大队制发检察建议书，建议对上述道路交通违法行政处罚案中存在的程序违法、事实认定错误及法律适用错误及时补正、更正、撤销或重作处理。并在今后的工作中严格执法程序，落实行政审批制度，严格遵守办案流程及时限；提升办案质效，正确认定事实和适用法律等。区交警大队采纳检察建议，对照检察建议中指出的问题立即整改。

某区检察院在专项检察监督的基础上，形成《关于道路交通安全执法突出问题专项整治之专项检察监督分析报告》，报送区人大、依法治区办等相关单位，该分析报告得到了区人大主任的批示。借此契机，某区检察院与某区交警大队建立《关于建立行政检察监督与道路交通安全行政执法衔接工作机制的意见》，完善行政执法与法律监督衔接工作机制。

【典型意义】

检察机关主动融入党委、政府工作大局，在相关行政执法领域突出问题专项整治活动中依法充分发挥检察职能作用，通过个案监督，发现普遍性问题，以类案的形式向行政机关制发检察建议书，对其违法行政行为予以监督纠正，保障行政相对人的合法权益，系统解决执法中存在的问题，发挥从个案办理到类案监督，再到社会治理的溯源实效。

13. 刘某某诉某县公安局强制传唤检察监督案

【关键词】

强制传唤　行政违法行为监督　赔礼道歉　检察建议

【案例简介】

刘某某系甲村村民，被举报涉嫌敲诈勒索等违法行为。2021年5月9日7时53分，某派出所辅警周某电话通知刘某某到派出所接受询问，刘某某称参加当天的村委会换届选举大会后去派出所或是次日再去，周某应允。当天上午9时，某派出所所长莫某某带领5名辅警到村委会选举大会现场。11时许，刘某某到达选举会场，即被两名辅警分别抓住左右手，另一名辅警抓住其身后裤腰位置，押上警车后带至派出所进行询问。当天中午12时30分，刘某某被放行回家。之后，该派出所未再对刘某某涉嫌敲诈勒索等违法犯罪线索进行调查。刘某某不服公安机关对其强制传唤行为诉至法院，请求确认行政行为违法。一审、二审、申请再审均未获支持。刘某某向检察机关申请监督。

海南省检察院第一分院依法受理并调查核实，查明：某派出所对刘某某被举报涉嫌敲诈勒索一案未进行受案登记，未办理传唤手续，执法现场只有一名正式民警，其他配合执法的均为辅警。该案没有证据证明刘某某实施了敲诈勒索、妨碍选举等违法行为，其不属于违法行为具有"突发性、紧迫性"需要口头传唤的"现场发现的违法嫌疑人"。刘某某未拒绝辅警周某通知到所的要求，亦不符合"无正当理由不接受传唤或逃避传唤"的强制传唤前提适用条件。检察机关审查认为，原审法院认定的事实、适用法律错误，公安机关强制传唤行为违法，应依法提出再审检察建议或提出抗诉。考虑到刘某某实质诉求是获得赔礼道歉、恢复人格名誉，决定促进行政争议实质性化解。最终，某县公安局向刘某某赔礼道歉，刘某某接受道歉并向检察机关撤回监督申请。

检察机关针对该案反映出的公安派出所受案登记不健全、传唤手续欠缺、辅警越权办案等不规范问题向某县公安局制发检察建议。某县公安局采纳检察建议，监督纠正各派出所 304 条警情中出现的同类执法不规范问题，对相关人员谈话提醒或追责处理，出台《某县公安局现场执法指引操作规程》《某县公安局辅警参与执法办案工作规定》推动规范执法长效化。

【典型意义】

检察机关在办理涉强制传唤行政行为违法、法院裁判确有错误的行政诉讼监督案件中，应围绕行政强制措施适用的前提条件进行实质性审查依法监督纠正。当事人实质诉求是要求行政机关赔礼道歉的，在可以采取再审检察建议或是抗诉方式对行政案件生效判决予以监督的前提下，有效回应群众诉求，选择最佳监督方式，促成行政争议实质性化解。注重运用检察建议有效解决案件反映出的深层次问题，促进诉源治理。

14. 某农业公司诉某区农技中心
农业检疫检察监督案

【关键词】

农业检疫产地检疫合格证　起诉期限　抗诉改判

【案例简介】

2015 年 5 月 18 日，某农技中心向某实业公司颁发 07 号产检证（产地检疫合格证）。2016 年 9 月，某农技中心依据前述产检证签发了 42 号检疫证书。该证书载明的检疫单证编号与上述产检证编号一致。同年 10 月，某农业公司根据与某实业公司签订的《柑橘苗购销合同》到某实业公司种苗场运苗，并收到某实业公司交付的 42 号检疫证书。此后某农业公司的 170 亩柑橘园感染柑橘病菌，所有柑橘苗被相关部门砍伐、挖出和烧毁。某农业公司诉至法院，以某农技中心签发 42 号检疫证书依据的 07 号产检证已过期为由，要求确认某农技中心签发 42 号检疫证书的行政行为违法。一审法院以某农业公司在 2016 年 10 月就知道了 42 号检疫证书内容，其已超过起诉期限为由裁定驳回起诉。某农业公司提出上诉、申请再审均未获支持，向检察机关申请监督。重庆市某检察分院审查后提请抗诉。

重庆市检察院经调查核实查明：07 号产检证失效日期为 2016 年 5 月 17 日。就相关专业问题向重庆市农委书面函询，其回复产检证无法在互联网查询、应施检疫的植物在该市跨区县调运的只需交付检疫证书，不需交付产检证。审查认为，某实业公司只向某农业公司交付 42 号检疫证书而未交付 07 号产检证，检疫证书只载明了产检证编号并未体现内容，某农业公司亦无法通过互联网查询产检证相关信息。苗木致病后，某农业公司在另案民事诉讼中于 2019 年 7 月 25 日根据律师调查令获取 07 号产检证，得知某农技中心签发 42 号检疫证书时 07 号产检证已过期。某农业公司于 2020 年 3 月 9 日提起本案诉讼未超过起诉期限。据此向重庆市高级法院提出抗诉。市高法指令某中级法院再审，某中级法院再审采纳检察机关抗诉意见，撤销一、二审裁定，指令原一审法院继续审理。2023 年 8 月 21 日，一审法院继续审理后确认某农技中心签发 42 号检疫证书的行政行为违法。

【典型意义】

行政相对人基于对行政机关的合理信赖，不会第一时间质疑作出行政行为所依赖的原因行为的合法性，特别是在专业性极强的农业检疫领域，当原因行为无法及时获取时，不能简单以所诉行政行为作出日期作为起诉期限起算点。检察机关经实体审查，发现行政相对人的起诉期限起算时间认定错误，通过抗诉，使行政争议进入实体审理，最终确认行政行为违法，为企业打通后续救济渠道，护航民营农业企业健康发展。

15. 川渝检察机关督促行政机关撤销虚假户口、婚姻登记系列案

【关键词】

征地补偿户籍登记　婚姻登记　社会治理　一体履职

【案例简介】

2008年，陈某伙同蒋某等人利用原重庆市某区开发之机，通过找毗邻区县单身男女办理虚假户籍信息，由他人冒充虚假户籍人员与重庆市某区拆迁户虚假登记结婚、再以离婚分户的形式骗取国家征地补偿款。其中，通过四川省某县乡镇民政所办理了虚假结婚登记17对，骗取国家征地补偿款821万余元。

经查，17对虚假结婚人员均未到民政所申请婚姻登记，相关工作人员仅以犯罪分子陈某等人提供的资料办理结婚登记，并将登记时间提前至当地开发文件限定的时间段内，四川省某县民政部门存在行政违法行为。

重庆市某区检察院在办理上述刑事案件时，发现四川省某县民政部门违法行使职权。2023年3月16日，重庆市某区检察院将案件线索移送至川渝两地共建的某新区检察服务中心，根据川渝检察协作机制，重庆市某区检察院与四川省某县检察院成立跨区域联合办案组。办案组通过研判案情、调查核实、公开听证、制发检察建议、跟进监督等形式开展工作，四川省某县检察院向该县民政局发出检察建议书，建议撤销17对虚假结婚登记，堵塞婚姻登记管理漏洞。某县民政局采纳检察建议，纠正了行政违法行为。重庆市某区检察院向该区民政局去函建议撤销17对虚假离婚登记，该区民政局积极整改落实。同时，根据在调查核实中发现的虚假户籍登记等问题，四川省某县检察院向该县公安局、档案局发出检察建议。县公安局开展户籍清理专项行动，注销虚假户籍8户，重复户籍25户；县档案局开展全面检查，督促25个乡镇加强婚姻登记档案规范化管理，并按规定及时将相关档案移交县档案馆集中保存。

【典型意义】

行刑反向衔接与跨省域检察协作是检察机关依法能动履职的时代要

求。检察机关在追究刑事责任的同时要注意发现行政违法线索，对虚假婚姻登记、虚假户籍、重复户籍等违法行为实施全链条监督，坚决斩断利用虚假婚姻登记、虚假户籍等骗取国家补偿款的黑手。川渝检察机关依托共建的检察服务中心，通过信息共享、线索移送等方式形成工作合力，助推两地行政机关依法行政，为成渝双城经济圈建设贡献检察力量。

16. 某建材厂诉某街道办土地行政赔偿检察监督案

【关键词】

行政赔偿　土地征收　举证责任分配　抗诉　社会治理

【案例简介】

某市政府发布征收土地公告，征收某镇三个村组的集体土地。2018年3月7日，某市国土资源局某区分局与被征地村民小组签订了征收土地协议书，但未与征收范围内的某建材厂达成补偿协议。2018年3月28日，某镇政府将某建材厂的地上设施拆除。2018年8月，某建材厂对某镇政府（2019年12月改设为某街道办事处）分别提起确认违法之诉和行政赔偿诉讼。法院判决确认某镇政府实施的强制拆除行为违法，但对本案行政赔偿之诉，以建材厂举示的证据不足以证明其损失，其提出的赔偿应属征收补偿范畴为由，判决驳回某建材厂的赔偿请求。某建材厂申请再审被裁定驳回，向某市检察院申请监督。某市检察院依法受理，经审查，提请四川省检察院抗诉。

四川省检察院审查认为，法院生效判决适用法律确有错误，实体判决不当：一是生效判决认为某建材厂提出的赔偿请求属征收补偿范畴，混淆了行政赔偿与行政补偿的性质；二是生效判决对某镇政府拆除建材厂地上设施时未录音录像、财产公证违法行为所致损失的认定应由建材厂举证，举证责任分配不当；三是某镇政府系违法实施行政行为造成他人财产损害的主体，应承担赔偿责任。四川省检察院向四川省高级法院提出抗诉。法院再审采纳抗诉意见，判决撤销原一、二审判决，责令某街道办在2个月内对原某镇政府对某建材厂的违法拆除行为作出赔偿决定。2023年6月，某街道办作出行政赔偿决定书，决定依法赔偿某建材厂340余万元。双方已协商陆续支付。

某市检察院针对近两年办理征地拆迁案件中发现的行政机关工作不规范情形，分别向某街道办和某区自然资源和规划局提出改进工作的检察建议。行政机关完善工作机制，规范工作程序，避免行政争议和诉讼隐患。

【典型意义】

行政行为被人民法院确认违法，行政相对人对违法行政行为明确提出行政赔偿诉讼的，应由人民法院作出裁判，而不能以行政机关可以"程序倒转"作出补偿决定为由驳回赔偿请求，阻断行政相对人行使行政赔偿的救济权利。因行政机关的原因导致行政相对人无法对行政行为造成的损害举证的，由行政机关承担举证责任。人民检察院对生效裁判举证责任分配不当、适用法律错误予以监督，保障法律统一正确实施。针对行政机关工作中的管理漏洞，穿透式监督提出改进工作检察建议，促进行政机关依法行政，助推社会治理体系现代化建设。

17. 督促某县交通运输局依法监管网约车从业人员资格检察监督案

【关键词】

行刑反向衔接　府检联动　网约车　从业资格

【案例简介】

郭某驾驶川E4××号大型普通客车在四川省某县某镇客运站院坝内倒车时，撞到并碾压站在车后的张某，造成张某当场死亡。某县公安局以郭某涉嫌交通肇事罪立案侦查，移送某县检察院审查起诉，某县检察院经审查于2022年4月25日作出酌定不起诉的处理决定。2023年6月，某县检察院通过行刑反向衔接发现郭某不具备网约车驾驶员从业资格，开展行政违法行为监督。某县检察院经调查核实，郭某有交通肇事犯罪记录，不再具备从事网约车服务的从业条件，遂于2023年8月23日向县交通运输局制发检察建议，督促及时撤销郭某网约车从业资格，强化对网约车人车审核、证件管理及平台运营等方面监管。县交通运输局采纳检察建议，责令全县网约车平台暂停郭某经营业务并按规定办理解聘，撤销郭某网约车从业资格证。

某县检察院以该案为契机，在全县开展网约车不合规运营专项整治行动。调取某县交通运输局网约车人员信息；实地走访网约车平台公司，了解准入门槛等运行情况；排查危险驾驶、交通肇事等不起诉案件40余件，逐一核实网约车合规审查情况。发现某县交通运输局在网约车人员准入、注册备案审核等方面存在监管盲区。为促进长效长治，某县检察院联合县交通运输局、县公安局交通管理大队会签《关于建立行政检察监督与道路交通安全和运输执法衔接工作机制的意见》，建立健全信息共享、案件移送、案情通报等衔接机制，把好特定行业从业人员"准入关""退出关"，并推动全市30名巡游、网约车驾驶员被撤销或注销从业资格证。

【典型意义】

网约车作为公共交通出行的补充，在为乘客提供方便快捷和相对经济实惠的出行服务同时，也要保障乘客的相关权益和出行安全。检察机关依托全省网约车不合规运营专项整治行动，统筹推进行刑反向衔接和行政违法行为监督，以行刑反向衔接为切入点，打通监督线索渠道。同时积极搭建"府检联动"平台，凝聚执法司法合力，强化源头治理，将检察履职效果转化为社会治理效能，促进网约车等特定行业规范健康发展，切实维护人民群众的人身安全和合法权益。

18. 督促某县市场监管局撤销某商贸公司注销登记检察监督案

【关键词】

执行监督　恶意注销　跨区域一体履职　营商环境

【案例简介】

贵州省贵阳市南明区市场监管局于 2020 年 1 月 9 日依法对在其辖区从事组织、策划传销行为的云南玉溪市某县某商贸公司作出行政处罚，商贸公司不服处罚决定向法院提起行政诉讼被驳回。2021 年 1 月 5 日，某商贸公司向云南省某县市场监管局提交注销登记申请。某县市场监管局依据申请材料同意注销登记申请。南明区市场监管局拟申请法院强制执行，发现商贸公司通过简易注销程序注销了登记，该局于 2021 年 4 月 8 日通过邮寄相关材料的方式，向某县检察院申请对某县市场监管局监督。

某县检察院经审查，发现某商贸公司向县市场监管局提交的《全体投资人承诺书》中隐瞒了该公司被行政处罚的事实，利用简化注销登记手续政策恶意注销登记，企图金蝉脱壳逃避法律责任。2021 年 4 月 15 日，某县检察院向县市场监管局制发检察建议，县市场监管局根据检察建议，重新核查申请材料作出《撤销企业简易注销登记决定书》，恢复公司主体资格，作出《列入严重违法失信企业名单决定书》，通过企业信用信息公示系统向社会公示，并依法告知行政相对人处理情况。在撤销公司注销登记后，南明区市场监管局没收其违法所得 163 万元。某县市场监管局对辖区内办理简易注销登记企业提供的材料重新进行了排查。

【典型意义】

企业注销"承诺制"是"放管服"改革优化企业投资营商环境的一项重要举措。一些企业为逃避行政处罚、不履行债务，利用"承诺制"隐瞒真相恶意注销，有违诚实信用原则，扰乱正常的市场经济秩序，也造成行政罚款无法得到落实，行政处罚决定成一纸空文。检察机关坚持一体履职，跨区域沟通协调，督促行政机关依法监管企业"恶意注销"，使违法企业依法承担法律责任，助力优化营商环境。

19. 某投资管理公司补缴土地出让金
行政非诉执行检察监督案

【关键词】

行政非诉执行监督　行政协议　检察建议

【案例简介】

某市自然资源局与某投资管理公司（以下简称某公司）于 2013 年、2014 年分别签订两宗国有建设用地使用权出让合同，后因该两宗土地容积率调整，双方于 2020 年 7 月 20 日补签《限时缴纳土地出让价款协议》，约定某公司同年 12 月 31 日前补缴土地出让金 536 万元，期满尚余 306 万元未缴。经催告后仍不履行，市自然资源局于 2022 年 1 月 5 日向某区法院申请强制执行，由于此时该局尚未作出要求某公司履行协议的书面决定，也未在规定时限内补齐相关材料，法院裁定不予受理。市自然资源局于 1 月 14 日作出行政决定，某公司不服，申请行政复议被维持，未提起行政诉讼。期限届满后，市自然资源局没有及时依法催告其履行义务、申请法院强制执行，行政争议一直未得到解决。10 月 17 日，某区检察院发现该案件线索并依法受理，通过调阅市自然资源局行政执法卷宗和法院申请非诉执行卷宗，审查认为：法院裁定不予受理并无不当。检察机关在走访市自然资源局、某公司过程中了解到，补缴土地出让金具体金额仍存在争议，公司认为足额补缴将导致其利益受损，遂决定开展行政争议实质性化解工作。某区检察院与市自然资源局反复沟通，了解问题产生根源，秉持客观公正立场开展释法说理，于 11 月 15 日依法向该局提出检察建议，建议规范国有土地出让金收缴执行程序，及时申请法院强制执行。市自然资源局采纳检察建议，经催告无果后，于 12 月 16 日再次申请法院强制执行，法院于 2023 年 1 月 31 日作出执行裁定。其间双方达成执行和解，法院于 2 月 9 日作出终结执行决定，公司于 3 月 23 日按照执行和解协议规定履行完毕。

【典型意义】

《国务院关于加强国有土地资产管理的通知》规定，出让土地改变容积率的，应当按规定补交不同容积率的土地差价。发现国家利益受损的，检察机关依法能动履职，聚焦案件反映出的行政机关收缴执行程序不规范问题，制发实操性强的检察建议，规范执法行为，助力源头治理。与行政机关加强履职良性互动，形成合力，推动在法院执行阶段达成和解，以较小的执法司法成本实现矛盾纠纷高质效解决。

十大行政检察典型案例相关法律文书

北京市人民检察院
行政抗诉书

京检行监〔2022〕××××号

　　马某因诉某镇政府、某区城管执法局强制拆除行为违法一案，不服二审法院终审裁定，向北京市人民检察院某分院申请监督，该院提请本院抗诉。本案现已审查终结。

　　2020年5月20日，马某起诉至一审法院，马某诉称，2000年9月1日，马某承租了××商贸有限公司位于××区××镇××自然村西侧、××自然村南侧的废弃土地9.4亩，用于生活居住和生产经营，双方依法签订租赁合同，马某按期缴纳租金。2012年5月21日，双方经协商一致，在原合同基础上重新签订租赁合同。时至今日，马某已经租赁并在此居住19年有余。2019年11月7日，某镇规划建设与环境保护办公室和某镇××村村民委员会（以下简称村委会）联合对马某下发《限期拆除通知书》，责令马某于2019年11月11日9时前改正违法行为。马某收到通知后欲通过法律途径维权。然2019年11月19日上午，30多名不明身份人员强行进入马某家中，将位于院落西侧的房屋包围，将马某及家人阻挡在门外，继而用挖掘机将房屋强制拆除。因拆除主体不明，马某于2019年12月2日向××公安局××分局（以下简称某公安分局）提出查处申请，要求其对马某房屋被拆一案进行调查处理。后因其不履行查处职责，马某向××区人民政府（以下简称某区政府）申请行政复议，在复议过程中获得的行政复议答复书和证据材料载明，马某的房屋系违章建筑，于2019年11月19日被某镇政府和城管部门联合执法拆除。马某方知房屋的拆除主体。马某认为某镇政府、某区城管执法局的拆除行为违法，严重侵害其合法权益，故诉至法院，请求法院依法确认某镇政府、某区城管执法局强制拆除马某房屋的行为违法；本案诉讼费用由某镇政府、某区城管执法局承担。

2020年8月17日，一审法院作出行政裁定。该院一审认为，公民、法人或其他组织向人民法院提起行政诉讼，应当符合法定的起诉条件，起诉不符合起诉条件，已经立案的，人民法院应当裁定驳回起诉。本案中，现有证据不能证明系由某镇政府和某区城管执法局作出被诉拆除行为。故马某对某镇政府、某区城管执法局的起诉，没有事实依据，应予驳回。综上，依照《中华人民共和国行政诉讼法》第四十九条第（三）项、《最高人民法院关于适用〈中华人民共和国行政诉讼法〉的解释》第六十九条第一款第（一）项之规定，裁定驳回马某的起诉。

马某不服一审裁定，向二审法院提出上诉，请求撤销一审裁定，指令一审法院继续审理本案。

2020年10月29日，二审法院作出终审裁定。二审认为，公民、法人或者其他组织向人民法院提起行政诉讼，应当符合法律规定的起诉条件。不符合法定起诉条件，已经立案的，应当裁定驳回起诉。《中华人民共和国行政诉讼法》第四十九条第（三）项规定"提起诉讼应当符合下列条件：（三）有具体的诉讼请求和事实根据"。本案中，村委会出具的工作会议纪要记载"我村对上述项目组织实施拆除清理，邀请镇规划建设与环境保护办公室或城管执法队作为拆除过程的见证人进行现场监督指导"，现某镇政府、某区城管执法局均称未实施或委托他人进行过拆除行为，马某亦未提起过其他诉讼，现有证据不足以证明某镇政府和某区城管执法局作出了被诉拆除行为，马某的起诉缺乏相应的事实根据，依法应予驳回。一审法院裁定驳回马某的起诉正确，该院予以维持。马某所提上诉理由缺乏相应的事实根据和法律依据，该院对其上诉请求不予支持。依照《中华人民共和国行政诉讼法》第八十九条第一款第（一）项的规定，二审法院裁定驳回上诉，维持一审裁定。

马某不服二审裁定，申请再审。被驳回再审申请。

马某不服，向北京市人民检察院某分院申请监督。

本院查明，2000年9月1日，马某与××商贸有限公司签订租赁合同，承租某镇某村南侧土地。2012年5月21日，双方经协商一致，在原合同基础上重新签订租赁合同。马某承租土地后建有房屋。2019年10月28日，某镇政府向北京市规划和自然资源委员会某分局（以下简称市规自委某分局）发送《某镇关于恳请对某村3处疑似违法建设进行认定的函》及现场照片、影像图，请求对马某出租大院，疑似违法建设进行认定。

2019 年 10 月 29 日，市规自委某分局向某镇政府作出《关于对××村 3 处疑似违法建设规划审批情况的复函》，认定马某出租大院，位于××村西侧的砖混结构房屋未取得相关规划许可，涉嫌乡村违法建设。2019 年 11 月 7 日，某镇规划建设与环境保护办公室和××村委会联合向马某发出《限期拆除通知书》，主要内容：经对违法建设举报线索核实，您的违法用地违法建设项目，违反了《中华人民共和国土地管理法》《北京市城乡规划条例》等相关法律法规和村民自治章程。请您于 2019 年 11 月 11 日 9 时之前将违法用地违法建设项目内个人物品自行搬离，违法用地违法建设自行拆除清理完毕。逾期未拆除清理的，将由相关单位集中进行拆除清理。按照《北京市城乡规划条例》第八十条规定，强制拆除（回填）费用由违法建设当事人自行承担。强制拆除（回填）情况将共享到本市的公共信用信息平台进行联合惩戒等。2019 年 11 月 19 日上午，马某位于案涉用地范围内所建院落西侧的房屋被强制拆除。马某于当日向某公安分局报警，××派出所民警出警，到场进行了处置。

2019 年 12 月 2 日，马某向某公安分局邮寄《查处申请书》，要求对马某房屋被拆一案进行调查处理。马某因未收到某公安分局的书面查处意见，又于 2020 年 4 月 2 日以某公安分局为被申请人向某区政府申请行政复议。在行政复议过程中，某公安分局向某区政府提交《行政复议答复书》和××派出所出具的《工作说明》。某区政府于 2020 年 5 月 28 日作出《驳回行政复议申请决定书》，以"被申请人接到申请人报警后，立即赶赴现场，了解到申请人所报警情系某镇建委工作人员及城管等部门联合执法拆违，被申请人所属民警当场告知申请人拆除违建工作是镇政府的行为，此行为对申请人产生的损失可到相关部门反映解决。被申请人收到申请人的《查处申请书》后，再次告知如有损失可以向相关部门反映或到区人民法院提起民事诉讼。因此，被申请人作出的上述处理并无不当"为由，驳回马某的复议申请。马某认为案涉房屋是一审被告某镇政府、某城管执法局实施拆除，故提起本案行政诉讼。

本院认为，某镇政府应认定为本案案涉房屋的强拆主体，是本案适格被告，二审行政裁定认为"现有证据不足以证明某镇政府做出了被诉拆除行为，马某的起诉缺乏相应的事实根据"，存在认定事实所依据的主要证据不足问题。理由如下：

一、某镇政府具有查处乡村违法建设的法定职权，实施了查处乡村违法建设的行为

拆除违法建设，属于公权力职权范围。《中华人民共和国城乡规划法》《北京市城乡规划条例》《北京市禁止违法建设若干规定》《中华人民共和国行政强制法》等法律法规，对违法建设的查处主体、强制拆除的步骤、程序等均有明确规定。本案中，某镇政府向市规自委某分局发函对案涉房屋疑似违法建设进行认定，市规自委某分局向某镇政府回函确认案涉房屋涉嫌违法建设，其后某镇规划建设与环境保护办公室、村委会共同向马某下发《限期拆除通知书》，要求马某于 2019 年 11 月 11 日 9 时前自行拆除违法用地违法建设项目，逾期未拆除清理的，将由相关单位集中进行拆除清理。某镇政府作为法律明确规定的乡村违法建设拆除主体，认定案涉被拆除房屋为违法建设并作出《限期拆除通知书》等行为均为履行查处违法建设的法定职权。2019 年 11 月 19 日，案涉房屋被强制拆除，因无法辨明谁具体实施了强制拆除行为，人民法院应根据初步证明材料并依据政府的法定职权进行推定。某镇政府作为法律明确规定的乡村违法建设拆除主体，认定案涉被拆除房屋为违法建设，并作出《限期拆除通知书》，在拆除行为实施主体不明时，原则上可以推定系作出《限期拆除通知书》的某镇政府为实际拆除主体。

二、马某在诉讼中提交的证据可以初步证明某镇政府作出了被诉拆除行为，马某的起诉符合法定起诉条件

根据举证责任分配的一般原则，起诉无书面决定的事实行为时，原告只要能够提供初步证据，证明事实行为存在且极有可能系诉状所列被告实施，即应视为已初步履行了相应的举证责任。某镇政府提交村委会出具的《关于拆除马某违法用地情况说明》（以下简称《情况说明》）自认按照村委会《工作会议纪要》的精神对案涉房屋实施了强制拆除。2019 年 11 月 19 日，马某在案涉房屋被强制拆除的现场报警，××派出所民警出警，经现场核实，告知马某是某镇政府的拆违行为。针对案涉拆除行为，马某向某公安分局提出查处申请，并向某区政府提起行政复议，某区政府经调查作出《驳回行政复议申请决定书》，认定某镇政府实施了被诉拆除行为。

马某向法院提交了强制拆除现场照片，并提交了某区政府出具的《驳回行政复议申请决定书》、某公安分局出具的《行政复议答复书》、××派出所出具的《关于马某的信访回复》《工作说明》等证据，均明确案涉拆

除行为是某镇政府实施的拆除行为。马某向法院提交上述证据用以证明某镇政府拆除了涉案房屋，应视为已经提供了初步证据，履行了举证责任。

根据《最高人民法院关于行政诉讼证据若干问题的规定》第六十三条规定，"证明同一事实的数个证据，其证明效力一般可以按照下列情形分别认定：（一）国家机关以及其他职能部门依职权制作的公文文书优于其他书证；……"根据证明效力的相关规定，马某提交的某区政府作出的《驳回行政复议申请决定书》、某公安分局作出的《行政复议答复书》、××派出所作出的《关于马某的信访回复》《工作说明》，均为国家机关依职权制作的公文文书认定某镇政府实施了被诉拆除行为，其证明效力应优于××村委会出具的书证。但生效裁定引用村委会出具的会议纪要的内容，论证马某的起诉缺乏相应的事实根据，却并未提及马某提交的国家机关依职权制作的公文文书，明显不当。

三、经调查核实，发现新证据可以证明某镇政府实施了被诉拆除行为

经本院调查核实，某镇政府在诉讼过程中所提交的村委会出具的《情况说明》与实际情况不符。村委会出具的《情况说明》中自认根据《工作会议纪要》的精神实施了被诉拆除行为。本院通过调查谈话、座谈会等形式查明，该份《情况说明》为村委会在某镇政府授意下出具，村委会并未实施被诉拆除行为，也未委托其他主体对案涉房屋实施拆除，未对案涉房屋拆除行为支付任何费用，案涉房屋由某镇政府拆除。本院调查核实取得的证据与马某向法院提交的证据相印证。

综上所述，二审裁定认定马某的起诉缺乏相应的事实根据，裁定驳回起诉，确有错误，且现有新的证据可以推翻原裁定。根据《行政诉讼法》第九十三条第一款，第九十一条第（一）、（二）项的规定，特提出抗诉，请依法再审。

此致
某市高级人民法院

××××年××月××日

黑龙江省某县人民检察院
检察建议书

×检建〔2022〕×号

某县民政局：

本院在办理修某冒名顶替他人婚姻登记案中，发现你单位办理方某与王某的婚姻登记行为存在违法。

本院经调查核实，现查明：

修某从小离家出走，未办身份证，2010年在大连打工期间，从其朋友"圆圆"处购买方某信息，并办理假身份证。修某因在天津打工与王某相识，2014年以方某之名和王某回到某县。2015年修某和王某孩子出生，因要为孩子办理出生证，修某和王某到某县民政局办理结婚登记，因读取不了身份证信息，2016年8月26日二人到哈尔滨某派出所，由户籍民警代某为修某补办了"方某"的身份证，并在领取身份证时打印了一本户口簿。2016年10月19日修某以方某之名与王某在某县民政局婚姻登记处办理结婚登记，之后修某离家出走。2019年王某向某县人民法院起诉离婚，2019年7月4日某县法院缺席判决离婚。2021年3月30日哈尔滨市公安局某分局某派出所民警何某和代某携带方某身份证、户口本、单位介绍信、警官证和卷宗到某县民政局，问询能否将方某婚姻状况进行更改，某县民政局答复：因和法院不联网，不能根据法院判决在婚姻登记系统更改婚姻状态。2021年3月31日何某和代某带领王某和修某（以方某之名）至某县民政局婚姻登记处办理了结婚登记手续，并同日立即申请办理离婚，因离婚需经过1个月冷静期，故当日办理离婚手续未果。2021年4月25日，何某和代某被停职，修某被刑事拘留，离婚手续未办成。2021年4月方某到某县民政局查询婚姻登记情况发现不但没有变更为离异，而且修某又冒充其身份结了一次婚。2021年12月8日修某因犯盗用身份证件罪被黑龙江省哈尔滨市某区人民法院判处拘役六个月，并处罚金人民币五千元；因犯诈骗罪被判处有期徒刑一年六个月，并处罚金人民币五千元，决定执行有期徒刑一年六个月，并处罚金人民币一万元。

某县民政局婚姻登记处在履行婚姻登记的职责过程中存在以下违法行为：2021年3月30日代某、何某曾到某县民政局向婚姻登记处主任高某进行过咨询，高某对于修某冒用方某进行过婚姻登记一事应当知情。2021年3月31日两位民警带着修某和王某来到婚姻登记处办理结婚登记，同日又办理了离婚登记申请，代某代其二人填写了申请结婚登记和离婚登记部分材料，某县民政局婚姻登记处工作人员，对此种有违常理情况未予警惕，直接办理了修某冒名顶替方某婚姻登记，某县民政局婚姻登记处在结婚证发放、监督管理过程中未尽审慎审查义务，造成修某再次冒名顶替方某办理婚姻登记的严重后果；高某在婚姻登记处负责全面工作，同时负责对办事员受理的婚姻登记申请材料进行最后审核签字，某县婚姻登记处在工作中将高某提前签字的婚姻登记证书放在服务台，由工作人员进行审核发放，晚上下班后再由高某统一审核，程序不合规。2021年3月31日王某和修某办理婚姻登记后高某也未尽到审核责任；某县民政局婚姻登记处工作人员除高某外均为政府购买服务人员，未经过系统培训，某县民政局婚姻登记处所有工作人员均无婚姻登记员资格证书。

根据最高人民法院、最高人民检察院、公安部、民政部指定的《关于妥善处理以冒名顶替或者弄虚作假的方式办理婚姻登记问题的指导意见》第二条、《婚姻登记工作暂行规范》第二十三条、第二十四条、第二十五条、第二十六条、第二十七条、《人民检察院检察建议工作规定》第十一条等规定，现向你单位提出如下建议：

1. 建议某县民政局依法撤销修某两次冒名顶替方某与王某办理的婚姻登记；待修某补办身份证后将其纳入婚姻登记领域严重失信当事人名单。

2. 建议某县民政局依法完善婚姻登记工作流程，保证准确签发婚姻证；加强婚姻登记工作人员业务培训，保证婚姻登记工作人员具备婚姻登记员资格。

如有异议可以在收到检察建议后两个月内提出。

请在收到检察建议后两个月内作出处理并将处理结果书面回复本院。

2022年×× 月 ××日

辽宁省某市人民检察院
检察建议书

某市民政局：

方某因个人身份信息被冒用，向黑龙江省哈尔滨市某区人民检察院申请监督，按照属地原则，黑龙江省人民检察院通过辽宁省人民检察院将其中部分案件线索移送大连市人民检察院，大连市人民检察院与我院在一体化办理案件中，发现某市民政局婚姻登记中存在冒名顶替情形。

现查明：修某自小离家后没有办理身份证件，2010年前后在开发区服装厂打工期间从他人处购买得到"方某"身份信息，以该信息办理了身份证件，冒用方某身份，于2012年6月5日与杨某登记结婚，又于2013年10月18日协议离婚。

2021年12月8日，黑龙江省哈尔滨市某区人民法院作出刑事判决，该院认为，修某在依照国家规定应当提供身份证明的活动中，冒用他人（方某）身份，使用虚假证件，情节严重，构成盗用身份证件罪；以非法占有为目的，冒用他人身份骗取他人财物，数额较大，构成诈骗罪。判决如下：修某犯盗用身份证件罪，判处拘役六个月，并处罚金人民币五千元；犯诈骗罪，判处有期徒刑一年六个月，并处罚金人民币五千元，决定执行判处有期徒刑一年六个月，并处罚金人民币一万元。该判决书已经生效。

本院认为，某市民政局依据错误信息办理了婚姻登记，应当依法撤销。理由如下：

最高人民法院、最高人民检察院、公安部、民政部《关于妥善处理以冒名顶替或者弄虚作假的方式办理婚姻登记问题的指导意见》第二条规定："人民检察院办理当事人冒名顶替或者弄虚作假婚姻登记类行政诉讼监督案件，应当依法开展调查核实，认为人民法院生效行政裁判确有错误的，应当依法提出监督纠正意见。可以根据案件实际情况，开展行政争议实质性化解工作。发现相关个人涉嫌犯罪的，应当依法移送线索、监督立案查处。人民检察院根据调查核实认定情况、监督情况，认为婚姻登记存在错误应当撤销的，应当及时向民政部门发送检察建议书。"第四条第二款规定："民政部门收到公安、司法等部门出具的事实认定相关证明、情况说明、司法建议书、检察建议书等证据材料，应当对相关情况进行审核，符合条件的及时撤销相关婚姻登记。"本案中，基于哈尔滨市某区人民法院刑事判决书查明认定的事实，某市民政局在修某冒名方某的情况下为其与杨某办理了结婚登记和离婚登记，婚姻登记行为存在错误且对方某造成重大影响，依法应予撤销。

综上所述，某市民政局在办理婚姻登记行政行为中，我院认为存在应予监督情形。根据《人民检察院检察建议工作规定》第三条并参照《关于妥善处理以冒名顶替或者弄虚作假的方式办理婚姻登记问题的指导意见》第二条、第四条之规定，提出以下检察建议：

1. 依法撤销方某与杨某的婚姻登记。

2. 加大婚姻登记工作信息审查力度，采取有效措施对同类问题进行整改，规范婚姻登记行为。

请在收到检察建议后一个月内将处理结果书面回复本院。

2023 年 3 月 1 日

上海市人民检察院某分院
再审检察建议书

钱某诉某村委会要求履行法定职责一案，钱某不服某中级法院某号行政裁定，向本院申请监督。本案现已审查终结。

2021年1月4日，钱某起诉至某基层法院。钱某请求判令：某村委会依法履行张榜公布钱某建房申请、签署意见及报送某镇政府的法定职责。

某基层法院于2021年3月30日作出某号行政裁定。

该院一审认为，公民、法人或者其他组织提起行政诉讼，应当符合法定的起诉条件。该案中，某村委会是基层村民的群众性自治组织，并不是行政机关。《上海市农村村民住房建设管理办法》（以下简称《管理办法》）第十七条规定，村民委员会接到农户建房申请后，应当在本村或者该户村民所在的村民小组，将农户成员人数、建房位置、宅基地和建筑占地面积、建筑方案等相关信息张榜公布，公布期限不少于30日。公布期间无异议的，村民委员会应当在申请表上签署意见后，连同建房申请人的书面申请报送镇（乡）人民政府；公布期间有异议的，村民委员会应当召集村民会议或者村民代表会议讨论决定。该条款规定了村民委员会对村民申请建房行使的相关职能系集体经济组织内的审查程序，属于村民自治范围，非行政管理行为，故钱某的起诉不符合行政诉讼的起诉条件。据此，依照《中华人民共和国行政诉讼法》第四十九条第（四）项及《最高人民法院关于适用〈中华人民共和国行政诉讼法〉的解释》第六十九条第一款第（一）项之规定，裁定：驳回钱某的起诉。

钱某不服一审裁定，向某中级法院提起上诉，请求撤销一审裁定，改判某村委会履行张榜公布钱某建房申请、签署意见及报送某镇政府的法定职责。

某中级法院于2021年8月25日作出×号行政裁定。该院二审查明，2018年钱某曾向某镇政府提出建房申请，因钱某已于2015年进行房屋翻建，钱某妻子的家庭已于 1993 年享受了动迁安置，按照相关规定，钱某夫妇均不符合分户条件，故对其建房申请不予批准。2020 年 5 月 6 日，钱某再次向某村委会提出建房申请，某村委会于同年 5 月 13 日作出《情况说明》，告知其建房申请不符合相关规定。

该院二审认为，当事人提起行政诉讼，应当符合行政诉讼法的起诉条件。《中华人民共和国行政诉讼法》第四十九条规定，提起诉讼应当符合下列条件：（一）原告是符合本法第二十五条规定的公民、法人或者其他组织；（二）有明确的被告；（三）有具体的诉讼请求和事实根据；（四）属于人民法院受案范围和受诉人民法院管辖。根据《管理办法》第十七条的相关规定，村民委员会对村民申请建房行使的相关职能系集体经济组织内的审查程序，属于村民自治行为，并非行政主体实施的行政行为，未对钱某行政法上权利义务产生实际影响，不属于行政诉讼的受案范围。并且某镇政府已对钱某 2018 年的建房申请不予批准，现钱某再次向某村委会申请建房属于重复申请。钱某主张某村委会系受地方性法规授权实施行政行为，缺乏事实根据和法律依据。综上，钱某的上诉理由不能成立，其提起该案诉讼不符合《中华人民共和国行政诉讼法》第四十九条第（四）项的规定。一审裁定驳回其起诉并无不当，应予维持。据此裁定：驳回上诉，维持一审裁定。

钱某不服二审裁定，向某高级法院申请再审。某高级法院于 2022 年 2 月 17 日作出某号行政裁定，驳回钱某的再审申请。钱某不服再审裁定，向检察机关申请监督。

本院查明，2020 年 5 月 6 日，钱某向某村委会提出书面建房申请。某村委会于同年 5 月 13 日作出《情况说明》，记载：经相关部门核实，2015 年钱某父亲钱某甲申请对某村 133 号房屋翻建，批复内包括钱某甲父母及妹妹钱某乙。在此之前，钱某已与某镇某村姜某甲独生女姜某乙结婚。姜某甲户于 1993 年享受动迁安置。根据《中华人民共和国土地管理法》第六十二条及《上海市青浦区农村村民住房建设管理实施细则》（青府规发〔2019〕4 号）（以下简称《实施细则》）第十二条规定，农村村民一户只能拥有一处宅基地。钱某的妻子已经因动迁安置拥有一处宅基地，故钱某的建房申请与当前政策相悖。

另查明，钱某曾向某基层法院提起行政诉讼，要求某镇政府履行建房审批的法定职责。某基层法院于 2018 年 10 月 10 日作出×号行政判决，驳回钱某的诉讼请求。钱某不服，提起上诉。某中级法院于 2019 年 3 月 19 日作出 ×号行政判决。该院二审认为，参照《管理办法》第十二条、第十三条的规定，村民需要住房建设用地的，需经过向村民委员会提出申请，填写《农村村民个人建房申请表》，集体经济组织内张榜公布，村民委员会签署意见等法定程序后，才能提交镇（乡）人民政府进行审核。钱某仅系通过口头方式向所在村村民委员会提出申请，其申请不符合上述规定要求的形式。同时亦无证据表明钱某的申请在报送某镇政府前曾在集体经济组织内张榜公布，因此某镇政府事实上并不具备启动后续办理程序的条件。某镇政府在收到钱某的申请后，对钱某的家庭建房等情况进行了调查了解，并于此后对钱某作出书面答复，应当认定为已履行了必要的职责。钱某坚持要求某镇政府根据其申请，履行为其办理建房用地审批法定职责的主张，缺乏依据，难以支持。据此判决驳回上诉，维持一审判决。

本院认为，某中级法院 ×号行政裁定驳回起诉确有错误；二审违反法律规定的诉讼程序，可能影响公正审判。理由如下：

（一）钱某的起诉属于行政诉讼受案范围，生效裁定驳回起诉确有错误

第一，村委会虽非行政机关，但根据法律、法规、规章授权可以成为行政诉讼被告。《最高人民法院关于适用〈中华人民共和国行政诉讼法〉的解释》第二十四条第一款规定，当事人对村民委员会或者居民委员会依据法律、法规、规章的授权履行行政管理职责的行为不服提起诉讼的，以村民委员会或者居民委员会为被告。上海市人民代表大会常务委员会公告第 14 号《上海市实施〈中华人民共和国土地管理法〉办法》第三十六条第二款规定，农村村民申请住宅用地，应当经书面征求村民委员会或者村民小组意见，并由乡（镇）人民政府审核同意后，按照本办法建设用地的有关规定办理用地审批手续。上海市人民政府令第 16 号《管理办法》第十七条规定，村民委员会接到农户建房申请后，应当在本村或者该户村民所在的村民小组，将农户成员人数、建房位置、宅基地和建筑占地面积、建筑方案等相关信息张榜公布，公布期限不少于 30 日。公布期间无异议的，村民委员会应当在申请表上签署意见后，连同建房申请人的书面申请报送镇（乡）人民政府；公布期间有异议的，村民委员会应当召集村民会议或者村民代表会议讨论决定。本案中，某村委会根据省级地方性法规和省级政府规章的授权履行张榜公布、签署意见、报送审批等职责，可以独

立成为行政诉讼的被告。

第二，村委会对村民建房申请行使相关职能系履行行政管理职责的行为。《中华人民共和国土地管理法》第六十二条第四款规定，农村村民住宅用地，由乡（镇）人民政府审核批准。《中华人民共和国行政许可法》第二条规定，本法所称行政许可，是指行政机关根据公民、法人或者其他组织的申请，经依法审查，准予其从事特定活动的行为。据此，农村村民申请建房必须经过相关部门审核批准，宅基地建房审批具有行政管理属性，系行政许可行为。村委会对村民的建房申请张榜公布、签署意见、报送审批等系宅基地建房审批的必经阶段，属行政许可中的过程性行为。村委会就该过程性行为与村民之间发生的权利义务关系有别于平等主体之间的民事法律关系，该行为具有行政行为的处分性特征。

第三，某村委会相关职能的行使对钱某权利义务产生实质影响。《最高人民法院关于审理行政许可案件若干问题的规定》第三条规定，公民、法人或者其他组织仅就行政许可过程中的告知补正申请材料、听证等通知行为提起行政诉讼的，人民法院不予受理，但导致许可程序对上述主体事实上终止的除外。根据前案生效行政判决，法院认为村民需经过向村民委员会提出申请，填写《农村村民个人建房申请表》，集体经济组织内张榜公布，村民委员会签署意见等法定程序后，才能提交镇（乡）人民政府进行审核，该案中某镇政府事实上并不具备启动后续办理程序的条件。因此，某村委会相关职能的行使虽系宅基地建房审批中的过程性行政行为，但该过程性行政行为发生了终局性结果，对钱某权利义务产生实质影响，并且钱某无法通过对镇政府提起行政诉讼的方式获得救济。故钱某的起诉属于行政诉讼受案范围。

此外，我院同期受理的徐某诉某村委会要求履行法定职责申请监督案中，某中级法院作出某号行政判决，认为根据《管理办法》第十七条第一款规定，某村委会具有初步审查徐某宅基地建房申请的法定职责，对该案进行实体审查后以判决形式驳回徐某的诉讼请求。该判决表明法院认为某村委会根据《管理办法》第十七条第一款规定所作答复，系履行行政管理职责的行为，属于行政诉讼的受案范围。

（二）二审违反法定程序，可能影响公正审判

《中华人民共和国行政诉讼法》第十条规定，当事人在行政诉讼中有权进行辩论。《中华人民共和国行政诉讼法》第八十六条规定，人民法院

对上诉案件，应当组成合议庭，开庭审理。经过阅卷、调查和询问当事人，对没有提出新的事实、证据或者理由，合议庭认为不需要开庭审理的，也可以不开庭审理。即二审法院对没有新的事实、证据或理由的案件，可以不开庭审理，但需要调查和询问当事人，以保证当事人充分、有效地行使辩论权利。

《人民检察院行政诉讼监督规则》第八十五条第（六）项规定，违反法律规定，剥夺当事人辩论权、上诉权等重大诉讼权利的，应当认定为《中华人民共和国行政诉讼法》第九十一条第五项规定的"违反法律规定的诉讼程序，可能影响公正审判"。经查阅本案二审卷宗，既无庭审笔录，亦无询问笔录或者以其他方式听取当事人意见的工作记录。一审中，钱某起诉要求某村委会履行法定职责，某村委会答辩称其具有被诉法定职责，但已经向钱某作出《情况说明》履行法定职责，而一审法院以不属于受案范围为由裁定驳回起诉。本案二审未开庭，且未以询问或其他方式听取当事人意见，致使钱某未能就其起诉是否属于行政诉讼受案范围、某村委会有无履行法定职责等进行有效辩论，明显违反法律规定的诉讼程序，可能影响公正审判。

综上所述，经本院检察委员会讨论决定，根据《中华人民共和国行政诉讼法》第九十一条第（一）项、第（五）项、第九十三条第二款的规定，特提出再审检察建议，请在收到后三个月内将审查结果书面回复本院。

此致
上海市某中级法院

2022 年 9 月 27 日

安徽省人民检察院
行政抗诉书

皖检行再监〔2022〕×号

A 市某建筑安装工程有限责任公司（以下简称某建安公司）与 Z 县人力资源和社会保障局（以下简称 Z 县人社局）、钟某支付保险待遇纠纷一案，某建安公司不服安徽省 Z 县人民法院（2020）皖 0722 行初××号行政判决，向 Z 县人民检察院申请监督，该院提请 T 市人民检察院抗诉。T 市人民检察院依法审查后向 T 市中级人民法院提出抗诉。T 市中级人民法院再审后作出（2022）皖 07 行再×号行政判决书，维持原判。T 市人民检察院认为本案仍然符合监督条件，决定予以跟进监督，提请本院抗诉。本案现已审查终结。

2020 年 11 月 3 日，某建安公司向 Z 县人民法院提起行政诉讼，请求撤销 Z 县人社局于 2020 年 8 月 14 日作出的《告知书》，向第三人钟某核发工伤保险待遇。

Z 县人民法院于 2020 年 12 月 25 日作出（2020）皖 0722 行初××号行政判决。该院一审查明，2018 年 4 月，某建安公司承建了某房地产公司开发的某项目。2018 年 5 月 2 日，某建安公司办理项目参保，为该工程在 Z 县社保局基金征缴中心缴纳了工伤保险费 192000 元，其填报的《Z 县建筑施工企业农民工工伤保险参保登记表》登记的开工日期为 2018 年 5 月 8 日，竣工日期为 2019 年 12 月 28 日，项目参保人数为 300 人。自 2018 年 8 月 16 日起，某建安公司陆续向 Z 县社保基金征缴中心提交了该项目农民工花名册，但其中并无钟某的名单及身份信息。2018 年 10 月 3 日 15 时许，钟某在项目工地 7 号楼搭设二层楼面防护栏时，不慎从 3 米高的临边处坠落受伤。2019 年 11 月 4 日，Z 县人社局作出编号为 2019‑1‑××××号的《认定工伤决定书》，认定钟某遭受的伤害为工伤。2020 年 6 月 4 日，T 市劳动能力鉴定委员会先后作出两份《因工负伤劳动能力鉴定结论书》，评定钟某劳动功能障碍程度为壹级，生活完全不能自理。某建安公司支付了钟某的医疗费等费用。2020 年 8 月 11 日，某建安公司向被告提交《Z 县工伤保险待遇申请表》及相关材料，要求 Z 县人社局支付钟某的工伤医疗费用、一次性伤残补助金、伤残津贴。同年 8 月 14 日，被告作出无文号《告知书》，认为根据人社险中心函〔2015〕38 号文件第十三条、第十四条、第十五条以及其他相关文件规定，某建安公司的申请不符合工伤保险基金支付条件。同时退还了某建安公司随申请表提交的相关材料。因某建安公司不服该《告知书》处理结果而成讼。

另查明，庭审后，根据 Z 县人民法院要求，Z 县社会保险事业管理局出具了《关于某工程项目农民工花名册参保备案情况说明》一份，证实在 2018 年 5 月 2 日某建安公司申请项目参保时，实际申报参保名册备案人数为 51 人，至 2018 年 10 月 3 日（即钟某受伤日），某建安公司报来的花名册参保备案人数为 198 人，到该项目工期结束时报来的花名册参保备案人数为 596 人。当时填写的项目参保人数为 300 人是根据整个项目期间的用工人数预计的，最终是根据项目的实际用工情况，来多少，可报多少，实行动态实名制管理。

Z 县人民法院一审认为：一、关于某建安公司是否为本案适格原告及案涉的《告知书》是否具有行政可诉性的问题，《中华人民共和国社会保险法》第八十三条第一、二款规定"用人单位或者个人认为社会保险费征收机构的行为侵害自己合法权益的，可以依法申请行政复议或者提起行政诉讼。用人单位或者个人对社会保险经办机构不依法办理社会保险登记、核定社会保险费、支付社会保险待遇、办理社会保险转移接续手续或者侵害其他社会保险权益的行为，可以依法申请行政复议或者提起行政诉讼"。本案系社会保险待遇支付纠纷，某建安公司作为案涉工伤保险的投保单位及用人单位，与 Z 县人社局作出的具有行政处理内容的《告知书》之间有利害关系，按照《中华人民共和国行政诉讼法》第二条第一款"公民、法人或者其他组织认为行政机关和行政机关工作人员的行政行为侵犯其合法权益，有权依照本法向人民法院提起诉讼"的规定，其可以作为本案的原告提起本案诉讼，Z 县人社局认为其作出的《告知书》不具有行政可诉性，以及某建安公司不是本案适格原告的意见缺乏法律依据，不予采信。二、关于 Z 县人社局作出《告知书》，拒绝某建安公司要求工伤保险基金支付钟某工伤保险待遇是否有事实和法律依据问题。此争议主要是 Z 县人社局认为钟某不在参保项目农民工花名册内，其遭受的损害不能由工伤保险基金支付。某建安公司则认为钟某虽然不在参保项目农民工花名册内，但在某建安公司按照规定缴纳了保险费后，案涉工伤保险法律即已经成立，至于参保人员是否备案只是行政管理行为，不影响保险法律关系的成立和效力。同时，在某建安公司参保时，Z县人社局并没有向某建安公司明确告知不在备案登记之内的农民工不能享受工伤保险待遇，相关文件也无在参保时必须要提交员工花名册的规定。钟某是在保险期间内、在参保项目的案涉工地上受伤，Z县人社局应当支付工伤保险待遇。就上述争议，一审法院认为，人社部社保中心关于印发《建筑业按项目参加工伤保险经办规程（试行）》第十三条规定："建筑施工企业应依法与职工签订劳动合同，督促工程承包单位、劳务分包单位建立职工花名册、考勤记录、工资发放表等台账，并到经办机构备案，对全部施工人员实行动态实名制管理，将人员增减变更情况及时报送经办机构"。第十四条规定"经办机构应当建立便捷的动态实名申报方式，例如24小时网上申报、传真等，方便建筑施工企业及时上报人员名单及增减变动。暂不具备动态申报人员增减情况的建设项目，建筑施工企业可以利用现场摄像、照相，单机或联机的静脉、人脸、指纹等生物特征信息技术考勤设施等方式，即时记录、动态更新从业人员出勤情况，作为发生工伤事故时工伤认定的依据，并定期到社保经办机构报备"。上述规定表明，发生工伤事故的职工按规定享受工伤保险待遇，建筑施工企业除应按项目参加工伤保险，缴纳工伤保险费外，还应对项目施工期内的施工人员实行动态实名制管理，人员发生变化时，应当及时向统筹地区社会保险经办机构办理人员增减参保手续。从某建安公司多次提交的花名册可以认定某建安公司明知有上述规定，但其未及时向社保部门提交项目务工人员钟某的信息，导致钟某未录入建筑项目参保动态实名制管理平台，钟某与社保机构之间的保险关系并未成立，Z县人社局因此认定钟某不能自社会保险基金享受工伤保险待遇并无不当。据此，经审判委员会讨论决定，依照《中华人民共和国行政诉讼法》第六十九条规定，判决：驳回原告某建安公司的诉讼请求。案件受理费50元，由某建安公司负担。

某建安公司不服一审判决，向T市中级人民法院提起上诉，请求撤销一审判决，并依法改判为支持上诉人一审全部诉讼请求或发回重审。因某建安公司收到法院缴纳上诉案件诉讼费用通知书后，在法定上诉期内未缴纳上诉费，2021年2月1日T市中级人民法院作出（2021）皖07行终×号行政裁定：本案按照撤回上诉处理，各方当事人按一审判决执行。

某建安公司不服（2020）皖0722行初××号行政判决向T市中级人民法院申请再审。2021年6月29日T市中级人民法院作出（2021）皖07行申×号行政裁定：驳回某建安公司的再审申请。

某建安公司不服，向Z县人民检察院申请监督，该院审查后提请T市人民检察院抗诉。T市人民检察院经审查认为，Z县人民法院作出的（2020）皖0722行初××号行政判决认定钟某与社保机构之间的保险关系并未成立，钟某不能自社保基金享受工伤保险待遇适用法律错误，认定事实的主要证据未经质证，遂向T市中级人民法院提出抗诉。T市中级人民法院于2022年4月25日作出（2022）皖07行再×号行政判决。该院再审查明的事实与原审判决认定的事实一致。该院再审认为：

一、关于Z县人社局作出的申请人的申请不符合工伤保险基金支付条件的行政行为是否有事实和法律依据问题。经查，人社部发〔2014〕103号《关于进一步做好建筑业工伤保险工作的意见》第一条规定：建筑施工企业应依法参加工伤保险。针对建筑行业的特点，建筑施工企业对相对固定的职工，应按用人单位参加工伤保险；对不能按用人单位参保、建筑项目使用的建筑业职工特别是农民工，按项目参加工伤保险。第五条规定：建筑施工企业应依法与其职工签订劳动合同，加强施工现场劳务用工管理，施工总承包单位应当在工程项目施工期内督促专业承包单位、劳务分包单位建立职工花名册、考勤记录、工资发放表等台账，对项目施工期内全部施工人员实行动态实名制管理。人社部社保中心印发《建筑业按项目参加工伤保险经办规程（试行）》第三条规定：建筑企业中相对固定的职工，应按用人单位参加工伤保险；对不能按用人单位参保、流动性大的职工特别是农民工，应按项目参加所在地的工伤保险。第十三条规定：建筑施工企业应依法与职工签订劳动合同，督促工程承包单位、劳务分包单位建立职工花名册、考勤记录、工资发放表等台账，并到经办机构备案，对全部施工人员实行动态实名制管理，将人员增减变更情况及时报送经办机构。第十四条规定：经办机构应当建立便捷的动态实名申报方式，例如24小时网上申报、传真等，方便建筑施工企业及时上报人员名单及增减变动。暂不具备动态申报人员增减情况的建设项目，建筑施工企业可以利用现场摄像、照相、单机或联机的静脉、人脸、指纹等生物特征等信息技术考勤设施等方式，即时记录、动态更新从业人员出勤情况，作为发生工伤事故时工伤认定的依据，并定期到社保经办机构报备。第二十一条规定：建筑施工企业没有为施工人员办理参保，施工人员发生工伤的或以建设项目参保，但施工人员在保险生效时间开始之前或保险终止时间之后发生工伤的，由用人单位承担工伤待遇，建设单位和施工总承包单位承担连带责任。上述规范性文件要求，建筑施工企业对不能按用人单位参保、流动性大的职工特别是农民工，按项目参加工伤保险的，除对工程项目办理参保缴费手续外，还应对项目的具体施工人员名单进行备案登记，实行动态实名制管理。只有符合上述条件发生工伤的，才能向工伤保险经办机构申请由工伤保险基金支付工伤保险待遇。本案中，原审第三人钟某不在施工企业报备的施工人员登记名册内，其未办理备案参保登记的事实清楚、证据充分，申请人某建安公司对此并无异议。申请人多次向工伤保险经办机构提交施工企业农民工花名册的情况，也可以证实其知道上述规定。同时被申请人亦提供了作出行政行为依据的规范性文件，即人社部发〔2014〕103号《关于进一步做好建筑业工伤保险工作的意见》、人社部社保中心印发的《建筑业按项目参加工伤保险经办规程（试行）》等。因此，Z县人社局作出的施工企业没有为钟某办理参保备案登记，发生的工伤不能由工伤保险基金支付的认定具有事实和法律依据，原审判决被诉行政行为合法，并无不当。

二、关于原审判决认定事实、适用法律是否正确，认定案件事实的主要证据是否未经质证问题。经查，本案一审开庭审理时，被申请人向法庭提交了《Z县建筑施工企业农民工花名册》、Z县社会保险事业管理局出具的内容为在申请人报备的施工人员花名册中未查询到钟某的参保备案信息的《证明》等证据。上述证据已在法庭出示，并经过庭审质证，各方当事人对此均予以认可。一审法院庭审后，调取的《关于某工程项目农民工花名册参保备案情况说明》只是对工程项目参保人数的补充说明，并非是认定本案原审第三人钟某未办理参保登记的事实依据。因此，原审判决认定事实清楚，适用法律、法规正确，审判程序合法，检察机关对此提出的抗诉理由不能成立。

综上，申请人某建安公司的再审理由不能成立，再审请求不予支持。判决：维持安徽省Z县人民法院（2020）皖0722行初××号行政判决。

本院查明：2018年4月，某建安公司承建了某房地产公司开发的某项目。2018年5月2日，某建安公司办理项目参保，为该工程在Z县社保局基金征缴中心缴纳了工伤保险费192000元，其填报的《Z县建筑施工企业农民工工伤保险参保登记表》登记的开工日期为2018年5月8日，竣工日期为2019年12月28日，项目参保人数为300人。自2018年8月16日起，某建安公司陆续向Z县社保基金征缴中心提交了该项目农民工花名册，但其中并无钟某的名单及身份信息。2018年10月3日15时许，钟某在某项目工地7号楼搭设二层楼面防护栏时，不慎从3米高的临边处坠落受伤。2019年11月4日，Z县人社局作出编号为2019－1－×××号的《认定工伤决定书》，认定钟某遭受的伤害为工伤。2020年6月4日，T市劳动能力鉴定委员会先后作出两份《因工负伤劳动能力鉴定结论书》，评定钟某劳动功能障碍程度为一级，生活完全不能自理。某建安公司支付了钟某的医疗费等费用。2020年8月11日，某建安公司向被告提交《Z县工伤保险待遇申请表》及相关材料，要求Z县人社局支付钟某的工伤医疗费用、一次性伤残补助金、伤残津贴。同年8月14日，被告作出《告知书》，认为根据人社险中心函〔2015〕38号文件第十三条、第十四条、第十五条以及其他相关文件规定，某建安公司的申请不符合工伤保险基金支付条件。同时退还了某建安公司随申请表提交的相关材料。因某建安公司不服该《告知书》处理结果，以致成讼。

本院认为，T市中级人民法院作出的（2022）皖07行再×号行政判决认定事实的主要证据不足，适用法律错误。理由如下：

《建筑业按项目参加工伤保险经办规程（试行）》第十三条、第十四条等相关规定仅是一种管理性规定，并非效力性规定，是相关主管部门对施工单位管理制度的规范，目的是对用人单位参加工伤保险情况进行管理，及时将施工人员增减变化情况登记造册，对全部施工人员实行动态实名制管理，并报送经办机构备案，作为发生工伤事故时工伤认定的依据，防止工伤保险基金不当流失。上述规范性文件要求不能认定为是向工伤保险经办机构申请由工伤保险基金中支付工伤保险待遇的前提条件，亦不能成为拒绝支付工伤保险待遇的正当理由，更不能否定劳动者从社保基金中享有工伤保险待遇的权利。由于建筑业人员流动的特殊性，对项目人员的流动备案登记，仅系参保人员的变更，并不影响工伤保险法律关系的效力，不能因为劳动者个人信息未录入建筑项目参保动态实名制管理平台，就认定劳动者与社保机构之间的保险关系没有成立，故建筑施工单位未及时报送备案登记并不必然导致劳动者工伤保险待遇实体权利的丧失。

案涉工伤保险系某建安公司以项目名义参保，并按规定缴纳了保费，工伤保险法律关系已经成立并生效，在保险生效期间内该项目劳动者发生的工伤，应由工伤保险基金支付工伤保险待遇，工伤保险条例也没有对支付工伤保险待遇作出相应的条件限制。不能因为用人单位存在不服从管理、未及时向人社部门提交施工人员信息的过错，而剥夺劳动者应该获得的工伤保险待遇，这与社会保险法的宗旨相悖，损害了劳动者的合法权益，劳动者不应成为用人单位未履行义务而导致的不利后果的承担者。钟某系参与该项目施工的劳动者，现有证据已能证明是在该工程施工中受伤，按规定应由工伤保险基金支付工伤保险待遇。

综上，再审判决关于施工企业没有为钟某办理参保备案登记，故发生的工伤不能由工伤保险基金支付的认定，主要证据不足，且适用法律错误。根据《中华人民共和国行政诉讼法》第九十一条第（三）、（四）项，第九十三条第一款的规定，特提出抗诉，请依法再审。

此致
安徽省高级人民法院

2022 年 12 月 22 日

山东省某县人民检察院
检察建议书

×检建〔2023〕××号

某县自然资源局：

本院在履行法律监督职责中发现你单位未依法对违法行为人王某鹏作出行政处罚，违反了相关法律规定。本院依法进行调查。现查明：

2020年8月，某县居民王某鹏以1100元价格从张某处非法购买一只赫曼陆龟，后将该龟以1300元价格非法出售给王某勇；同月王某鹏又以750元价格从安某处非法购买一只四爪陆龟。经鉴定，赫曼陆龟被列入《濒危野生动植物种国际贸易公约》（2019）附录Ⅱ，核准为国家二级保护野生动物；四爪陆龟被列入《国家重点保护野生动物名录》，为国家一级保护野生动物。2023年7月25日，本院因王某鹏犯罪情节轻微，具有坦白、认罪认罚情节，根据《中华人民共和国刑法》第三十七条、《中华人民共和国刑事诉讼法》第一百七十七条第二款的规定，对其作出×检刑不诉〔2023〕××号不起诉决定。2023年8月1日，本院根据《中华人民共和国刑事诉讼法》第一百七十七条第三款、《中华人民共和国野生动物保护法》第二十八条第一款、第二款等规定，向你单位制发检察意见，建议对王某鹏作出相应处罚并将处理结果及时通知本院。本院随案移送部分证据材料。

2023年10月8日，你单位依照《中华人民共和国野生动物保护法》第五十二条、《中华人民共和国陆生野生动物保护实施条例》第三十六条、第三十八条规定，决定对王某鹏罚款、没收野生动物，同日你单位将该结果回复本院。

王某鹏的违法行为发生在2020年，虽然2021年修订的《中华人民共和国行政处罚法》第二十八条才明确规定当事人有违法所得，除依法应当退赔的外，应当予以没收，但《中华人民共和国野生动物保护法》第五十二条第一款规定违反该法第二十八条第一款规定的，由县级以上野生动物保护主管部门没收野生动物及其制品和违法所得，并处野生动物及其制品价值二倍以上十倍以下的罚款，《中华人民共和国陆生野生动物保护实施条例》属于行政法规，位阶上低于法律，应优先适用《中华人民共和国野生动物保护法》。你单位只对王某鹏作出罚款、没收野生动物而没有没收违法所得的处罚违反前述规定。

本院认为，你单位的"三定"方案与某县人民政府网站公布的主要职责中包括"负责陆生野生动植物资源的监督管理。……监督管理陆生野生动植物猎捕或者采集、驯养繁殖或者培植、经营利用"。作为陆生野生动物保护主管部门，你单位违反《中华人民共和国野生动物保护法》第五十二条第一款规定，未全面履行职责，未将王某鹏破坏动物资源保护应当上缴国库的违法所得予以没收，适用法律错误。根据《人民检察院检察建议工作规定》第九条第五项的规定，现向你单位提出如下建议：

建议依法全面履行职责，纠正原错误处罚决定，维护法律权威。

请你单位及时采取有效措施推进相关工作，并在收到检察建议书后两个月内作出处理并将处理结果书面回复本院。

2023 年 10 月 15 日

广东省某市人民检察院
检察建议书

×检建〔2023〕×号

某市交通运输局：

为贯彻落实《中共中央关于加强新时代检察机关法律监督工作的意见》和本市人大常委会《关于加强新时代检察机关法律监督工作推动法治城市示范建设的决定》对行政检察的要求，根据市委全面依法治市委员会办公室关于开展"行政处罚执行情况专项法治督察"的工作部署，本院依法履行行政检察职责，对行政非诉执行案件进行了审查。本院在办案中发现，你局在加强和改进行政罚款执行工作方面采取了有力措施，尤其是结合本市交通执法实践，建立了"行政督促＋强制执行"相结合的工作模式并取得了明显成效。同时，作为连续多年在全省交通运输领域办理案件数量最多的单位，在行政执法和执行工作方面确实面临压力和挑战。

法治政府建设是全面依法治国的重点任务和主体工程，是推进国家治理体系和治理能力现代化的重要支撑。依法行政、严格执法是行政机关行使政府职能的必然要求，也是法治政府建设的关键环节。据统计（数据截至 2022 年 8 月），你局 2021 年按普通程序作出罚款类行政处罚案件 23546 宗，罚款金额人民币 14504.47 万元。其中，已缴款案件 19676 宗，金额共计人民币 10914.55 万元；未缴款案件 3870 宗，金额共计人民币 3589.92 万元。本院在剖析数据、审查案件时，发现你局在行政执法和执行工作方面存在如下问题：

一、申请强制执行不够及时

检察监督发现，你局在作出罚款类行政处罚后，部分案件未及时申请人民法院强制执行。具体为：

（一）你局通过与人民法院沟通协调，将申请强制执行金额标准定为处罚超过 200 元的案件，但此种做法并无法律依据。本院发现，有 161 宗罚款 200 元以下的案件未执行到位，其中 99 宗已过申请强制执行期限。

（二）根据《本市中级人民法院关于实施行政案件集中管辖的公告》第三项，我市行政诉讼案件及行政非诉案件审查统一由某区法院集中管辖，但行政非诉案件审查后的执行工作，仍依法由申请人所在地或不动产所在地基层人民法院负责。截至 2022 年 8 月，你局办理的 874 宗被裁定准予执行的案件中，仅有 4 宗申请所在地法院强制执行，实际进入法院执行环节的案件仅占 0.46%。

二、行政执法行为不够规范

（一）案件办理不够及时。行政机关在发现违法行为后，除可以当场作出行政处罚的，应当及时调查处理，及时决定是否立案，并作出处理决定。但在实际执法过程中，你局存在发现行政违法行为后，长期不予处理的情况，不但影响行政执法的时效性和权威性，还会产生一系列"后遗症"。如本市某驾驶咨询有限公司、广西某物流货运有限公司、本市某搬运有限公司被行政处罚案，你局发现行政违法行为后，时隔一年，甚至两年多才作出行政处罚决定。

在这期间，涉案公司已被市场监督管理部门核准注销。由于主体灭失，你局作出的行政处罚决定不当，从而导致违法行为未被实际处罚。

（二）文书送达存在瑕疵。本院对你局申请人民法院强制执行的案件进行审查时，发现 175 宗被裁定驳回申请或不准予强制执行的案件中，有 168 宗系因法律文书送达程序不当，占比 96%，其中因适用公告送达存在不当的案件有 151 宗。根据《中华人民共和国民事诉讼法》第九十五条第一款的规定，受送达人下落不明，或者用其他方式无法送达时，行政机关才能以公告方式送达。公告送达仅为其他方式不能送达时的补充方式，但你局在送达《行政违法行为通知书》《行政处罚决定书》《催告书》等法律文书时，部分案件在邮寄送达无人签收的情形下，便径直采取公告送达方式，实际上剥夺了当事人陈述、申辩的权利，损害当事人的合法权益。特别是处罚对象为本市行政事业单位的案件，如某街道办事处、某区水务局等，涉案行政事业单位不存在下落不明或其他方式无法送达的情形，对其公告送达不符合适用公告送达的前提条件。同时，在大量案件因送达问题被裁定驳回申请或不准予强制执行的情况下，你局在后续案件办理中仍持续存在此类问题。

（三）调查取证不全面。检察监督发现，你局办理的多宗行政处罚案件因存在事实认定错误、违法证据不充分、处罚对象错误等问题，被人民法院裁定不准予强制执行，但你局在收到行政裁定书后，既未在法定期限内申请复议，亦未及时对涉案行政处罚决定进行处理。如李某、罗某、某工程有限公司被行政处罚案，法院认为你局违反了"一事不再罚"原则，裁定不准予强制执行；某集团有限公司被行政处罚案，法院认为明显缺乏事实根据，裁定不准予强制执行；本市某搬运有限公司、某汽车运输有限公司分公司被行政处罚案，法院认为你局在未查明涉案公司已注销的情况下，对错误的对象作出行政处罚决定，裁定不准予强制执行。同时，本院还发现，你局在办理广西某物流有限公司、广东某旅行社有限公司、本市某装饰设计工程有限公司、某机动车驾驶员培训有限公司、屈某某、李某某被行政处罚案的过程中，或在立案时已发现涉案公司注销的事实，或未依法核实涉案公司的存续状态或个人身份信息，对错误的对象作出行政处罚决定，并在发现行政处罚有误后，未进一步查明实际违法当事人并给予处罚。

（四）后续监管不到位。检察监督发现，你局办理的本市某搬运有限公司、某物流服务部、广西某某物流有限公司因车辆违法超限（超重）运输被行政处罚案，涉案公司多辆车辆存在一年内因违法超限（超重）运输被多次处以行政处罚的情况，其中广西某某物流有限公司在2021年度有4辆货运车辆因上述违法行为被行政处罚超过3次，车辆被处罚最多的达6次。但未发现你局依据《公路安全保护条例》第六十六条的规定，对1年内违法超限运输超过3次的货运车辆作出吊销车辆营运证处理；对应当责令停业整顿或吊销道路运输经营许可证的涉案单位作出处理的情况。

三、执法信息衔接不够通畅

本院发现，由于行政处罚信息和商事主体登记信息不互通，部分涉案商事主体在行政处罚期间注销企业，其中不乏为规避处罚而以欺骗等不正当手段恶意注销的情况。具体为：（一）涉案企业被行政处罚前注销。如本市某搬运有限公司、某汽车运输有限公司分公司、本市某驾驶咨询有限公司、广西某物流货物有限公司被行政处罚案，涉案企业于违法后、处罚前注销，你局在未查明商事主体存续状态下径直作出错误的行政处罚决定。（二）涉案企业在被处以行政处罚后注销。如本市某建筑劳务有限公司、本市某科技有限公司分公司、本市某汽车服务有限公司、本市某某汽车服务有限公司、本市某汽车美容服务有限责任公司被行政处罚案，涉案企业在你局申请强制执行前已注销，你局在未查明商事主体存续状态情况下，对已灭失的主体申请强制执行。

为全面贯彻习近平法治思想，深入贯彻落实《中央全面依法治国委员会关于支持深圳建设中国特色社会主义法治先行示范城市的意见》，根据《中华人民共和国人民检察院组织法》第二十一条和《人民检察院检察建议工作规定》第十一条之规定，结合办案中发现的问题，特向你局提出如下建议。

一是完善申请强制执行工作机制，优化工作方法增强执法权威。建议落实责任，加强执法人员业务培训，严格按照法律规定，依法及时向人民法院申请强制执行，避免再出现因履职不及时导致行政处罚落实不到位的情况发生；探索创新行政执法方式，刚性和柔性执法相结合，对轻微违法行为，广泛运用说服教育、劝导示范、警示告诫、指导约谈等方式，让执法既有力度又有温度；进一步优化"行政督促＋强制执行"的工作模式，提升行政处罚执行效果；探索小金额罚款执收办法，多元化解行政争议，在保障行政处罚执行力度的前提下，节约司法资源。

二是完善行政执法程序，提升依法依规履职能力。建议严格落实行政执法公示、执法全过程记录、重大执法决定法治审核制度，切实保障从决定到执行全过程依法依规；严格落实告知制度，遵循有关送达的规定，依法保障行政相对人陈述、申辩、提出听证申请等权利。同时，建立行政执法案件"回头看"长效机制，完善执法监督机制，避免违法行使职权或不行使职权的情况。

三是加强执法衔接协作，推进执法办案形成闭环。建议加强与其他行政执法单位的协作配合，强化行政执法与司法的工作衔接，完善移送违法线索的跟踪落实机制。同时，针对商事主体行政处罚期间恶意注销的案件，本院建议从以下几方面予以改进：1. 针对市场监督管理部门因不掌握商事主体隐瞒公司即将面临行政处罚或尚未履行行政处罚义务的重要事实，从而作出核准注销的情况，建议依据《中华人民共和国行政许可法》第六十九条、《某市经济特区商事登记若干规定》第三十四条的规定，商请市场监督管理部门撤销注销登记。2. 针对商事主体在行政处罚决定后恶意注销的案件，建议依据《中华人民共和国行政诉讼法》第一百零一条、《最高人民法院关于民事执行中变更、追加当事人若干问题的规定》第二十三条的规定，向法院申请变更或追加涉案公司在申请注销登记时作出相关承诺的投资人或股东作为被执行人。3. 探索建立针对以注销登记逃避行政处罚行为的长效预防机制。建议在执法全流程审查涉案公司存续状态的同时，与市场监督管理部门建立行政处罚信息通报机制，对处以大额罚款的行政处罚案件，通过同步将《行政违法行为通知书》《行政处罚决定书》等文书送达市场监督管理部门备案，有效预防和制止以注销登记逃避行政处罚的行为，堵塞监管漏洞，优化营商环境。

请你局在收到本建议书后及时研究，如有异议，请于收到检察建议后十个工作日内向本院书面提出；如无异议，请在二个月内向本院书面反馈工作进展情况。本院将积极支持你局做好相关工作，共同为推进新时代法治政府建设和推动法治先行示范城市建设贡献力量。

2023 年 2 月 1 日

广西壮族自治区人民检察院
行政抗诉书

桂检行监〔2020〕×号

　　某市信息技术有限公司（以下简称某信息公司）因与原某市食品药品监督管理局（以下简称某市食药监局）、某市人民政府（以下简称某市政府）行政处罚及行政复议纠纷一案，不服南宁铁路运输中级法院（2019）桂71行终×××号行政判决，向广西壮族自治区人民检察院南宁铁路运输分院申请监督，该院提请本院抗诉。本案现已审查终结。

　　2019年1月16日，某信息公司以某市食药监局作出的×食药监械罚〔2018〕21号《行政处罚决定书》（以下简称21号处罚决定）认定事实错误、适用法律错误、处罚过重，某市政府作出的×府复议〔2018〕223号《行政复议决定书》（以下简称223号复议决定）维持该行政处罚错误为由，向南宁铁路运输法院提起行政诉讼，请求：撤销21号处罚决定和223号复议决定。

　　南宁铁路运输法院于2019年7月17日作出（2019）桂7102行初××号行政判决。该院一审查明，2016年8月16日，某信息公司（乙方）与广西壮族自治区某医院（甲方）（以下简称某医院）签订《某品牌16层CT球管技术维修服务合同》，合同第3.（5）条约定"球管修复后，乙方实行按秒收费，每使用壹秒收费人民币壹元，球管使用达叁拾万秒前，按实际使用秒数收费，因球管安装调试消耗球管秒数，实际计费从壹仟秒开始计算至叁拾万秒止；当球管使用达叁拾万秒后，不再收费"。2016年8月16日至29日，某信息公司为某医院维修发生故障的CT机X射线管组件（俗称球管），维修期间该公司为某医院提供了代用球管［SIEMENS DURA422－MV，（1p）Model N05534776，（S）SerlalN0831431593］，某医院共使用该代用X射线管组件共计1786.35秒。按双方合同约定，某医院应向某信息公司支付使用费1786.35元，但因该X射线管组件未取得医疗器械注册证，某医院未支付该笔使用费。2018 年 4 月 2 日，某市食药监局对某信息公司涉嫌经营未取得医疗器械注册证的第二类医疗器械（X 射线管组件）进行立案并开始调查。经调查核实，2016 年 8 月 16 日，某信息公司与某医院所签订的服务合同中所涉及的球管系上海某商贸有限公司（以下简称上海某公司）委托宁波某有限公司于 2015 年 11 月从德国进口，于 2016 年 8 月 15 日至 2016 年 9 月 14 日出借给某信息公司，该球管未取得医疗器械注册证，也无中文标识。上海某公司随货提供的《进口增值税专用缴款书》显示该产品进口完税后价格是 3 万美元（折合人民币为 194227.35 元）。2018 年 7 月 4 日，某市食药监局向某信息公司送达《行政处罚事先告知书》，认为某信息公司经营未取得医疗器械注册证的第二类医疗器械（X 射线管组件）的行为，违反了《医疗器械监督管理条例》（2014 年版）第四十条的规定，依据该管理条例第六十三条第（一）项的规定，拟对某信息公司处以 X 射线管组件货值金额 194227.35 元 10 倍的罚款，即 1942273.5 元。同日，某市食药监局还向某信息公司出具了《听证告知书》，告知某信息公司对拟处罚有权要求举行听证。根据某信息公司的申请，某市食药监局于 2018 年 7 月 30 日举行公开听证。并于 2018 年 8 月 24 日作出了《听证意见书》，认为承办部门认定事实清楚，定性准确、适用法律正确、处罚幅度适当，建议维持承办部门处罚建议。2018 年 9 月 6 日，某市食药监局作出 21 号处罚决定，认为某信息公司向某医院提供涉案 X 射线管组件属于经营未取得医疗器械注册证的第二类医疗器械的行为，违反了《医疗器械监督管理条例》（2014 年版）第四十条"医疗器械经营企业、使用单位不得经营、使用未依法注册、无合格证明文件以及过期、失效、淘汰的医疗器械"的规定，依据该管理条例第六十三条第（一）项"有下列情形之一的，由县级以上人民政府食品药品监督管理部门没收违法所得、违法生产经营的医疗器械……货值金额 1 万元以上的，并处货值金额 10 倍以上 20 倍以下罚款；……（一）生产、经营未取得医疗器械注册证的第二类、第三类医疗器械的"规定，对某信息公司处以 X 射线管组件货值金额 194227.35 元 10 倍的罚款，即罚款 1942273.5 元。该《行政处罚决定书》于同日送达给了某信息公司。某信息公司不服该《行政处罚决定书》，于 2018 年 9 月 26 日向某市政府提起行政复议。某市政府经审查后于 2019 年 1 月 2 日作出 223 号复议决定，维持了某市食药监局作出的 21 号处罚决定。某信息公司对该《行政复议决定书》亦不服，故向南宁铁路运输法院提起行政诉讼。另查明，根据某市机构改革方案，某市食药监局对"四品一械"的管理职责，自 2019 年 3 月起由某市市场监督管理局继续承担。

南宁铁路运输法院一审认为，某市食药监局对全某市范围内的"四品一械"违法行为具有行政处罚权。某信息公司与某医院的维修服务合同中约定，在维修过程中，某信息公司对安装的代用 X 射线管组件进行按秒收费，这实际是一方提供标的物，另一方支付费用使用该标的物的租赁行为。双方的争议焦点在于，租赁行为是否属于经营性行为。某信息公司认为《医疗器械经营监督管理办法》中第六十二条第一款规定"医疗器械经营，是指以购销的方式提供医疗器械产品的行为，包括采购、验收、贮存、销售、运输、售后服务等"，即该办法中已明确限定了医疗器械的经营的内涵和外延，其中并不包括租赁，故某信息公司的行为不应定性为医疗器械的经营行为。某市食药监局认为，根据原国家食品药品监督管理局《关于租赁医疗器械有关问题的批复》（国食药监市〔2004〕120 号）中认为租赁经营是经营的一种形式，对出租的医疗器械无产品注册证书的，按规定予以查处。《医疗器械经营监督管理办法》中第六十二条第一款该规定有"等"的字样，《关于租赁医疗器械有关问题的批复》为现行有效的规范性文件，并未废止，故某市食药监局将某信息公司租赁医疗器械的行为定性为经营行为符合法律规定。某信息公司出租给某医院的 X 射线管组件属于《医疗器械监督管理条例》第四条规定，原国家食品药品监督管理总局公布的《医疗器械分类规则》确定的第二类医疗器械，而该 X 射线管组件未取得医疗器械注册证，也无中文标识，某市食药监局认为其属于经营未取得医疗器械注册证的第二类医疗器械认定正确。某市食药监局根据该 X 射线管组件随货提供的《进口增值税专用缴款书》显示的产品进口完税后价格 194227.35 元认定其货值为 194227.35 元亦无不当。医疗器械关系到病人的切身利益，因此国家对医疗器械进行了严格的分类管控。虽然本案中涉案 X 射线管组件的使用时间不长，但 X 射线管组件是 CT 机的重要部件，而 CT 机作为常用的医疗诊断辅助器械对医生的诊断有不可忽视的影响，因此不能单单以使用时间的长短去考量社会危害程度。且某市食药监局在作出行政处罚决定时，已充分将使用时间的长短、是否及时纠正错误行为，根据《医疗器械监督管理条例》第六十三条第（一）项"……货值金额 1 万元以上的，并处货值金额 10 倍以上 20 倍以下罚款"

的规定，适用了最低 10 倍的处罚，处罚适用也无不当。某市食药监局在对某信息公司进行行政处罚的过程中，充分听取了某信息公司意见，认定调查核实，依某信息公司申请召开听证会，相关材料亦及时送达某信息公司，程序合法。综上，某市食药监局对某信息公司作出的《行政处罚决定书》认定事实清楚、程序合法、适用法律正确。某市食药监局作出的行政处罚决定正确，市政府作出维持的行政复议决定，亦认定事实清楚，适用法律、法规正确，符合法定程序。依照《中华人民共和国行政诉讼法》第六十九条、第七十九条的规定，判决驳回某信息公司的诉讼请求。

某信息公司不服一审判决，向南宁铁路运输中级法院提起上诉。请求：撤销（2019）桂 7102 行初 × × 号行政判决，撤销 21 号处罚决定和 223 号复议决定。

南宁铁路运输中级法院于 2020 年 1 月 22 日作出（2019）桂 71 行终 × × × 号行政判决。该院二审确认了一审法院认定的事实。该院二审认为，某市食药监局对全某市范围内的"四品一械"违法行为具有行政处罚权。根据某市机构改革方案，某市食药监局对"四品一械"的管理职责，自 2019 年 3 月起由某市市场监督管理局继续承担，双方当事人均符合本案的诉讼主体资格。关于某信息公司提供 X 射线管组件给某医院使用并按秒收费是否属于经营行为的问题。经查，某信息公司与某医院的维修服务合同中约定，某信息公司对安装的代用 X 射线管组件进行按秒收费，这实际是一方提供产品，另一方有偿使用的租赁行为。根据国家食药监局国食药监市〔2004〕120 号《关于租赁医疗器械有关问题的批复》（以下简称《批复》）中确定"租赁经营是经营的一种形式"的规定，并结合《医疗器械经营监督管理办法》第六十二条"医疗器械经营，是指以购销的方式提供医疗器械产品的行为，包括采购、验收、贮存、销售、运输、售后服务等"的规定，表明"经营行为"并不限定于该条款所列举之行为，具有类似租赁性质，提供医疗器械而据以营利之行为，均应当认定为医疗器械经营行为。上述《批复》虽于 2004 年作出，但目前现行有效，亦表明规范此类租赁行为仍然具有法律意义上的必要性，对于同类或类似问题的处理，仍应当遵照《批复》的内容执行。因此，某市食药监局将某信息公司租赁医疗器械的行为定性为经营行为认定正确，符合本案查明的事实和法律规定。关于涉案的 X 射线管组件是否已经取得医疗器械注册证问题。某信息公司认为上海某公司提供的国食药械（准）字 2014 第 3301377 号

《医疗器械注册证》以及《医疗器械注册登记表》中已经包括型号为 DU-RA422 - MV 的 X 射线发生装置，根据 2004 年版《医疗器械注册管理办法》（2014 年 10 月 1 日废止）第二十八条第四款规定"以整机注册的医疗器械，其医疗器械注册证书附表中的'产品性能结构及组成'栏内所列出的组合部件在不改变组合形式和预期用途的情况下单独销售的，可以免予单独注册"，据此主张涉案的 X 射线管组件无须另行单独进行注册登记。经查，（1）涉案的 X 射线管组件系上海某公司委托宁波某有限公司于2015 年 11 月代理进口，原产地为德国，产品无中文标识。（2）上海某公司董事长何某的《询问笔录》及《上海市金山区市场监督局的复函》证实，上海某公司无法提供涉案的 X 射线管组件的医疗器械注册证。（3）本案在卷的注册号为国食药械（准）字 2014 第 3301377 号《医疗器械注册证》中确定的是"上海某医疗器械有限公司生产的全身 X 射线计算机体层螺旋扫描装置，符合医疗器械产品市场准入规定，准许注册"，且《医疗器械注册登记表》中产品组成所指向的型号 DURA422 - MV 的 X 射线发生装置的生产企业限定的是上海某医疗器械有限公司，产品标准为 YZB/国4172 - 2014 全身 X 射线计算机体层螺旋扫描装置，并非包括任何其他厂家生产的同类产品。（4）根据《医疗器械注册管理办法》第五条的规定，进口第二类、第三类医疗器械应由国家食品药品监督管理总局审查，批准后发给医疗器械注册证；根据《医疗器械监督管理条例》第四十二条的规定，进口的医疗器械应当是依照本条例第二章的规定已注册或者已备案的医疗器械。进口的医疗器械应当有中文说明书、中文标签，且说明书、标签应当符合本条例规定以及相关强制性标准的要求等。而涉案的 X 射线管组件通过海关进口至我国境内，并不能必然表明该产品的质量性能均符合我国的市场准入标准，也不代表已取得医疗器械注册证或免予注册。综上所述，根据本案查明的事实，证据及相关法律规定，确认涉案的 X 射线管组件并未依法取得医疗器械注册证，亦不属于免予注册的产品。关于行政机关对某信息公司作出的处罚决定是否正确的问题。经查（1）《最高人民法院关于印发〈关于审理行政案件适用法律规范问题的座谈会纪要〉的通知》第三款规定，行政相对人的行为发生在新法实施以前的，具体行政行为作出在新法施行以后，人民法院审查具体行政行为合法性时，实体问题适用旧法规定，程序问题适用新法规定。本案中，某信息公司的违法行为发生在 2014 年版《医疗器械监督管理条例》施行期间，对其行为定性等实体问题，应当适用 2014 年 6 月 1 日起施行的《医疗器械监督管理条例》的相关规定予以认定；（2）根据《医疗器械监督管理条例》（2014 年版）第四十条的规定：医疗器械经营企业、使用单位不得经营、使用未依法注册、无合格证明文件以及过期、失效、淘汰的医疗器械。同时根据该条例第六十三条的规定：违法生产经营的医疗器械货值金额 1 万元以上的，并处货值金额 10 倍以上 20 倍以下罚款。本案中，某信息公司作为经营企业，将未经依法注册的二类医疗器械租赁给某医院，已违反上述条例的禁止性规定，应依法给予处罚。根据在卷的《进口增值税专用缴款书》显示涉案 X 射线管组件进口完税后价格 194227.35 元，以此价格确认涉案"货值"亦符合事实及法律规定。而 2014 年版的《医疗器械监督管理条例》和 2017 年版的《医疗器械监督管理条例》对 2000 年版的《医疗器械监督管理条例》进行了修改，条文编列的顺序及处罚标准已经发生了变化，因此对于租赁医疗器械行为的处罚，不能简单套用《批复》中指向的 2000 年版《条例》第三十九条进行处理，且 2000 年版的《条例》在违法行为发生时已经失效。（3）某市食药监局在对某信息公司进行行政处罚的过程中，依某信息公司申请召开了听证会，并依法听取了某信息公司的意见，相关材料亦及时送达某信息公司，处罚程序合法。根据《中华人民共和国行政处罚法》第四条第二款规定，设定和实施行政处罚必须以事实为依据，与违法行为的事实、性质，情节以及社会危害程度相当。本案中，某市食药监局对某信息公司作出处罚时已认定其具有违法情节较轻、案发后积极配合调查并纠正违法行为等从轻处罚的情形，结合本案事实并对照《广西壮族自治区食品药品监督管理系统规范行政处罚自由裁量权适用规则》第二十条之规定，某信息公司在本案中不具有减轻处罚的情形。医疗器械的安全、有效直接关系人体健康和生命安全，国家对医疗器械按照风险程度实行严格的分类管理，涉案 X 射线管组件是 CT 机的重要部件，而 CT 机作为常用的医疗诊断器械，对医生的临床诊断具有特别重要的参考价值，故不能单纯以使用时间的长短或违法获利的多少去考量社会危害程度。综上所述，某市食药监局作出 21 号处罚决定及某市政府作出维持的行政复议决定，认定事实清楚、程序合法、适用法律正确。一审判决认定事实清楚，适用法律正确，审判程序合法，应依法予以维持。依照《中华人民共和国行政诉讼法》第八十九条第一款第（一）项之规定，二审判决驳回上诉，维持原判。

　　某信息公司不服二审判决，向广西壮族自治区高级人民法院申请再审。广西壮族自治区高级人民法院于 2020 年 6 月 29 日作出（2020）桂行申××号行政裁定书，驳回某信息公司的再审申请。

　　某信息公司不服，向检察机关申请监督。

　　本院审查认定的事实与南宁铁路运输中级法院（2019）桂 71 行终×××号行政判决查明的事实一致。

　　本院另查明，某市食药监局于 2017 年 9 月 30 日向某医院送达×食药监械［2017］9 号《行政处罚决定书》，该处罚决定对某医院使用涉案 X 射线管组件的违法行为处涉案 X 射线管组件货值金额 5 倍罚款，即罚款 971136.75 元。某医院不服，向某市政府申请复议，经复议机关组织调解，某市食药监局作出×食药监械罚［2018］19 号《行政处罚决定书》（以下简称 19 号处罚决定），认定某医院有从轻减轻情形，决定变更处罚为涉案 X 射线管组件货值金额 0.5 倍罚款，即罚款 97113.68 元。

　　本院认为，某市食药监局作出的 21 号处罚决定违反过罚相当原则，根据《中华人民共和国行政诉讼法》第七十条第（六）项"行政行为有下列情形之一的，人民法院判决撤销或者部分撤销，并可以判决被告重新作出行政行为：（六）明显不当的"的规定，南宁铁路运输中级法院（2019）桂 71 行终×××号行政判决适用法律错误，理由如下：

　　根据本案 21 号处罚决定作出时施行的修订前的《中华人民共和国行政处罚法》（以下简称《行政处罚法》）第四条（修订后的《行政处罚法》第五条）"行政处罚遵循公正、公开的原则。设定和实施行政处罚必须以事实为依据，与违法行为的事实、性质、情节以及社会危害程度相当"、第五条（修订后的《行政处罚法》第六条）"实施行政处罚，纠正违法行为，应当坚持处罚与教育相结合，教育公民、法人或者其他组织自觉守法"的规定，行政处罚应遵循过罚相当原则，行政处罚所适用的处罚种类和处罚幅度要与违法行为的性质、情节及社会危害程度相适应。行政处罚兼具惩罚和教育的双重功能，通过处罚既应达到纠正违法行为的目的，也应起到教育违法者及其他公民自觉守法的作用。对违法行为施以适度的处罚，既能纠正违法行为，又能使违法者自我反省，同时还能教育其他公民自觉守法。如果处罚过度，则非但起不到教育的作用，反而会使被处罚者产生抵触心理，甚至采取各种手段拖延或抗拒执行处罚，无形中增加了行政机关的执法成本，也不利于树立行政处罚的公信力。综合全案事实，涉案 X 射线管组件（以下简称涉案球管）由上海某公司借用给某信息公司，再由某信息公司安装在某医院的 CT 机上使用。对比某市食药监局对涉案球管使用单位某医院所作的 19 号处罚决定（罚款从货值金额 5 倍变更为 0.5 倍），本案某市食药监局对某信息公司处以货值金额 10 倍罚款，违反了上述法律规定的过罚相当原则。某医院作为涉案医疗器械的使用者，依法应承担同等的注意和查验义务，根据某市食药监局变更后的 19 号处罚决定，某市食药监局认定某医院在案件调查处理过程中配合检查，意识到自己错误，及时纠正违法行为，且违法行为造成的社会危害性小，有从轻减轻情形，将原先处罚决定罚款 971136.75 元（货值金额 5 倍）变更为 97113.68 元（货值金额 0.5 倍）。同理，对于经营者某信息公司而言，现阶段并没有行政机关对涉案球管属于伪劣产品的认定，某信息公司对随货的《医疗器械注册证》未认真查验，存在过错，对进口医疗器械法律规定存在误解，但没有主观故意，其亦积极配合办案机关的调查，提供了涉案球管的相关来源资料，不存在抵抗调查的行为，在纠正违法行为和社会危害性方面与某医院的情形是一样的，亦应当认定某信息公司违法行为造成的社会危害性小。同时，约定球管租金每秒收费 1 元，实际使用费用 1786.35 元，系在维修某医院原球管过程中的临时租赁行为，主观目的在于维修原球管，与单独销售球管的情形应当予以区别考虑。基于上述事实和法律规定，在 19 号处罚决定已经认定社会危害性小的前提下，特别是对比某市食药监局对某医院使用涉案球管处以货值金额 0.5 倍即 97113.68 元罚款，综合平衡考量两方当事人的处罚幅度，某市食药监局作出 21 号处罚决定对某信息公司处以货值金额 10 倍即 1942273.5 元罚款明显畸重，违反《行政处罚法》规定的过罚相当和公正原则，被诉行政行为明显不当，未能达到《行政处罚法》惩罚与教育相结合的立法目的，也不利于树立行政处罚的公信力。某市政府作出 223 号复议决定维持 21 号处罚决定，亦不正确。根据《中华人民共和国行政诉讼法》第七十条第（六）项"行政行为有下列情形之一的，人民法院判决撤销或者部分撤销，并可以判决被告重新作出行政行为：（六）明显不当的"的规定，南宁铁路运输中级法院（2019）桂 71 行终×××号行政判决认定 21 号处罚决定和 223 号复议决定正确，属适用法律错误。

综上，南宁铁路运输中级法院（2019）桂 71 行终×××号行政判决存在《中华人民共和国行政诉讼法》第九十一条第（四）项规定的"原判决、裁定适用法律、法规确有错误的"的情形，根据《中华人民共和国行政诉讼法》第九十三条第一款的规定，特提出抗诉，请依法再审。

　　此致
广西壮族自治区高级人民法院

2021 年 8 月 9 日